JUEGOS PARA NIÑOS CON NECESIDADES EDUCATIVAS ESPECIALES

Mónica Montes Ayala

María Auxilio Castro García

EDITORIAL
PAX MÉXICO

COORDINACIÓN EDITORIAL: Gilda Moreno Manzur
PORTADA: Víctor M. Santos Gally

© 2005 Editorial Pax México, Librería Carlos Cesarman, S.A.
          Av. Cuauhtémoc 1430
          Col. Santa Cruz Atoyac
          México, D.F. 03310
          Teléfono: 5605 7677
          Fax: 5605 7600
          editorialpax@editorialpax.com
          www.editorialpax.com

Primera edición
ISBN 978-968-860-692-6
Reservados todos los derechos
Impreso en México / *Printed in Mexico*

ÍNDICE

Cuando creas que no existen posibilidades,
busca de manera diferente
y encontrarás alternativas.

Mónica Montes Ayala

PRESENTACIÓN

Este libro, dirigido a profesores de educación primaria y preescolar, constituye una herramienta de ideas claras y sencillas para enriquecer su práctica cotidiana.

En la primera parte planteamos las ideas teóricas que fundamentan la propuesta de juegos que aparecen en la segunda parte.

En el aspecto teórico hacemos explícito lo que entendemos como alumnos con necesidades educativas especiales con y sin discapacidad, y retomamos la teoría de las inteligencias múltiples para afirmar que es posible desarrollar las inteligencias de nuestros alumnos.

Proponemos 100 juegos que ayudan al desarrollo de alguna de las inteligencias: cinestésico-corporal, espacial, lingüística, lógico-matemática, musical o personal (intrapersonal e interpersonal).

Los juegos están estructurados con: el nombre del juego, los propósitos, los recursos materiales, la metodología —en la cual se detalla cada uno de los pasos que el maestro puede seguir—, las variantes que son las adecuaciones necesarias para los alumnos que presentan alguna discapacidad, y los criterios de evaluación que el docente debe considerar al evaluar a los alumnos en ese juego.

El libro puede usarse eligiendo la inteligencia que se busca desarrollar en los alumnos, y partir de ahí para escoger el juego que contenga los propósitos que más se adapten al trabajo que durante ese tiempo esté realizando el maestro.

INTRODUCCIÓN

Los juegos propuestos en este libro se recuperaron de nuestra práctica psicopedagógica con alumnos con necesidades educativas especiales (n.e.e.). Algunos son juegos tradicionales de la cultura de nuestra comunidad; otros los aprendimos de varias personas: maestros, especialistas, compañeros, etcétera; otros más los leímos en algún momento de nuestra vida. El lazo común es que todos los hemos aplicado con alumnos de este tipo en diferentes grupos, espacios, contextos y tiempos.

Partimos de la idea de que al niño le resulta más fácil entusiasmarse y motivarse para aprender, si siente que lo que hace es divertido y puede disfrutarlo.

Por medio del juego el menor aprende a trabajar en equipo; a esforzarse por lograr algo; a valorar día con día los pequeños logros evidenciados con el juego. Asimismo, descubre que, si bien es cierto que algunas cosas pueden dificultársele, otras las hará con gran facilidad y en algunas más tendrá desempeños sobresalientes.

La teoría de las inteligencias múltiples nos ayuda a reflexionar la manera como los maestros sobrevaloramos en la escuela la inteligencia lógico-matemática y la inteligencia lingüística, y la conveniencia de abrir el abanico de oportunidades para los alumnos con n.e e. que presentan alguna discapacidad, brindándoles espacios y actividades que les permitan desarrollar también las otras inteligencias.

Al realizar lo anterior y valorar por igual cualquiera de las inteligencias múltiples, podremos orientar a los padres de manera adecuada para que también dirijan la mirada a esas otras potencialidades de sus hijos. Si las desarrollan, podrán llegar a hacer contribuciones significativas para su propia persona, su familia y su comunidad.

Esta obra es un auxiliar del maestro o maestra en el cual ofrecemos ideas que le serán de utilidad. Confiamos en que, echando mano de su creatividad, podrá enriquecer su práctica cotidiana incluyendo juegos que ayuden a los alumnos a aprender en un ambiente cálido, agradable, seguro, divertido, donde se sientan aceptados y disfruten del gran placer de aprender e interactuar con sus compañeros y su maestro. Recordemos que el tiempo que se comparte es parte de la vida, y es la construcción de la historia personal y social.

LA TEORÍA Y LOS NIÑOS QUE MÁS NOS NECESITAN

Las ideas que se han construido sobre determinado objeto de conocimiento cambian con el paso del tiempo, y con los avances científicos y tecnológicos. Una concepción que en un tiempo fue aceptada se modifica posteriormente, y el paradigma cambia.

Según Kuhn, un paradigma "es una serie de postulados básicos que delinean el universo... especificando tanto los conceptos que habrán de considerarse legítimos, como los métodos que pueden utilizarse para recolectar e interpretar los datos" (p. 43).[1]

Un paradigma puede influir en la interpretación de los datos que se perciben, así como en la importancia y el significado que se le asigna a cada uno de los mismos. Por tanto, la realidad construida debe considerarse en términos de historicidad, es decir, del movimiento de las circunstancias.

Hace años algunos autores sostenían que la inteligencia era general y única; la definían como la capacidad para resolver problemas, la cual estaba presente en algunas personas y en otras no. Incluso se elaboraron pruebas o tests para cuantificarla.

Desde otro enfoque se piensa que todos tenemos inteligencia, y ésta se concibe como "el equilibrio entre la asimilación y la acomodación" (p. 65).[2] También se considera que es posible desarrollarla; sin embargo, se le ve como una cualidad general.

Para los autores que apoyan el enfoque de la contextualización,[3] la inteligencia es el resultado de la interacción de las inclinaciones y potencialidades personales con las oportunidades y limitaciones que caracterizan un ambiente cultural.

En opinión de Gardner, desde la visión distributiva, la inteligencia no termina en el individuo, sino que abarca también las herramientas, la memoria documental y la red de conocidos, esto es, todo lo que tenga a su alrededor y sea capaz de usar en determinados momentos. Con otras posturas, como las de Thurstone y Guilford, se afirmó la existencia de varios factores que conforman la inteligencia.

Gardner, quien postulara la Teoría de las Inteligencias Múltiples, sostiene lo siguiente:

- La inteligencia humana no es una, sino múltiple.

- Toda inteligencia tiene tres componentes: destrezas para resolver problemas reales de la vida cotidiana; habilidad para crear un producto u ofrecer un producto valioso en su cultura, y potencial de encontrar o crear problemas como base de nuevos conocimientos.

- Las inteligencias se expresan en el contexto de tareas, disciplinas y ámbitos específicos.

- Hay una distinción entre inteligencias, ámbitos y campos.

- Las inteligencias son las facultades individuales, esto es, los potenciales, y se ponen en acción en un ámbito específico: disciplina, ocupación, etc. Los ámbitos requieren de un conjunto de inteligencias y cada una puede utilizarse en varios ámbitos culturales.

- El campo comprende a las personas, instituciones, mecanismos, que hacen posible emitir juicios acerca de la calidad del desempeño personal.

- Con la Teoría de las Inteligencias Múltiples es posible identificar la inteligencia cinestésico-corporal, la espacial, la lingüística, la lógico-matemática, la musical y la personal: interpersonal e intrapersonal. Con base en la teoría de las inteligencias múltiples, la asesoría interna de la SEP en México, define:[4]

- La inteligencia cinestésico-corporal es la capacidad de usar el cuerpo para expresar ideas y sentimientos, y de usar las manos para la transformación y producción de cosas.

- La inteligencia espacial es la habilidad para percibir el mundo en forma visual y espacial, con una visión global y de los detalles al mismo tiempo; permite representar pictóricamente imágenes, así como pensar y construir en términos tridimensionales.

- La inteligencia lingüística es la capacidad de usar palabras en forma adecuada, ya sea de manera verbal o escrita.

- La inteligencia lógico-matemática es la habilidad de razonamiento lógico. Se caracteriza por la utilización de las matemáticas en la solución de problemas; por la capacidad para seguir una línea de pensamiento complejo, así como por la capacidad de identificar y entender patrones y relaciones entre los símbolos y los fenómenos reales.

- La inteligencia musical es la capacidad de percibir, discriminar, transformar y expresar formas musicales. Es la sensibilidad para los patrones tonales, sonidos, el ritmo y el compás.

La inteligencia personal la divide en:

- Inteligencia intrapersonal: el conocimiento profundo de uno mismo, la capacidad de tener autodisciplina, entrenamiento propio y autoestima.

- Inteligencia interpersonal: la capacidad para relacionarse de persona a persona.

Desde este enfoque las personas poseen todas las inteligencias, algunas más desarrolladas que otras.

El tipo de experiencias a las que las personas tienen acceso, o en las que han participado, desempeña un papel fundamental en el desarrollo de las inteligencias múltiples.

Debido a sus características, en muchas ocasiones los alumnos con n .e. e., con o sin discapacidad, se ven limitados y no se les da acceso a una gran variedad de experiencias acordes con sus potencialidades, que pueden ser enriquecedoras para el desarrollo de sus inteligencias múltiples.

Un alumno con n.e.e. "...es aquel que presenta un desempeño significativamente distinto (inferior o superior) al de la mayoría del grupo, por lo que requiere de apoyos extra o diferentes de los que tiene el maestro y la escuela en ese momento" (p. 159).[5]

Puede presentar discapacidad visual, auditiva, intelectual y(o) motriz; esto significa que una o más vías de recepción tienen alguna alteración, pero dispone de otras vías de acceso a la información exterior que puede desarrollar.

El concepto de n.e.e. contribuye a una nueva percepción de la educación de los alumnos con dificultades de distinto tipo en su proceso de aprendizaje: en vez de considerarlos, como solía hacerse, sólo a partir de su deficiencia, se les considera a partir de sus posibilidades.

En la actualidad la intervención psicopedagógica con los alumnos con n. e. e. se centra en sus competencias curriculares, y no en su discapacidad.

Los apoyos para estos alumnos varían de las adecuaciones de acceso al currículo a las adecuaciones en los elementos del mismo.

Las adecuaciones de acceso "son las modificaciones en los espacios e instalaciones, o la provisión de recursos especiales, materiales o de comunicación que van a facilitar que los alumnos y alumnas con n.e.e. puedan desarrollar el currículo común o, en su caso, el currículo adaptado" (p. 163).[6]

Las adecuaciones en los elementos del currículo "son el conjunto de modificaciones que se realizan en las actividades, la metodología, los criterios y procedimientos de evaluación, los contenidos y los propósitos..." (p. 164).[7]

Las adecuaciones en los elementos del currículo se clasifican como:

- Significativas: las realizadas en los propósitos del currículo o en algunos contenidos cuya eliminación o transformación impide el logro de los propósitos generales del curso escolar.

- No significativas: las realizadas en los otros elementos del currículo: metodología, actividades, recursos, tiempo, evaluación, que no impiden el logro de los propósitos del curso escolar.

Algunas de las adecuaciones para alumnos con n.e.e. pueden llevarse a cabo a través del juego.

El juego es una estrategia metodológica óptima que facilita el trabajo con el alumno, ya que parte del interés de éste y representa en sí mismo una motivación para él.

Permite además que los alumnos interactúen de manera estructurada, pero con un amplio espectro de desempeños individuales. A la vez, es gratificante por el simple hecho de participar en él.

Sobre el juego existen varias concepciones y posturas teóricas; entre ellas las siguientes:

- *Hernández*: "cualquier actividad con la finalidad de divertirse, pasarla bien" (p. 9).[8]

- *Huzinga*: "es una actividad libre, que se realiza dentro de límites de tiempo y espacio, según determinadas reglas libremente aceptadas pero absolutamente obligatorias" (p. 9).[9]

- *Teorías psicoafectivas*:[10] cumple con el papel de expresar sentimientos reprimidos por el sujeto, ya que mientras el niño juega, puede ser libre, interactivo, comunicativo, y elabora lo que ha reprimido.

- *Postura funcionalista*: se le ve de manera diferente, como facilitador del desarrollo y contribuyente a la adquisición de habilidades motrices y al uso instrumental.[11]

- *Vygotski (posición sociocognitiva)*: una forma particular y espontánea de actuación del pensamiento.[12]

- *Piaget e Inhelder*: hay tres categorías principales de juego, y una cuarta que forma la transición entre el juego simbólico y las actividades no lúdicas (p. 66):[13]

- *Juego de ejercicio*: la forma más primitiva de juego consiste en repetir por placer actividades adquiridas, con el fin de lograr la adaptación y por placer funcional.

- *Juego simbólico*: la asimilación asegurada de lo real al yo, por un lenguaje simbólico construido por el yo y modificable a la medida de sus necesidades (p. 66).[14]

- *Juego de reglas*: consiste en utilizar reglas convenidas por el grupo haciendo transacciones y acuerdos, y en respetarlas durante el juego. Se transmite de niño a niño y su importancia aumenta con el progreso de la vida social.

- *Juego de construcción*: en un principio tiene simbolismo lúdico, pero poco a poco constituye verdaderas adaptaciones o soluciones de problemas y creaciones inteligentes (p. 66).[15]

- *Ortega*: un uso educativo del juego puede ayudar al desarrollo integral del sujeto, si en él se producen procesos que ejerciten sus capacidades.

Por medio de los juegos propuestos en este libro, brindamos al maestro herramientas para enriquecer su práctica docente; ideas claras y concretas para estimular el desarrollo de las inteligencias múltiples de sus alumnos con necesidades educativas especiales, y una guía de las adecuaciones que cada juego requiere para los que presentan alguna discapacidad.

---

[1] Davison, General C. y John M. Neale. *Psicología de la conducta anormal*, Grupo Noriega Editores, México, D. F., 1992.

[2] Piaget, Jean y Barbel Inhelder. *Psicología del niño*, Madrid, Ediciones Morata, 1969.

[3] Gardner, Howard. *Estructuras de la mente. La teoría de las inteligencias múltiples*, México, D. F., FCE.

[4] Documento interno de la Asesoría del C. Secretario de Educación Pública. En *Antología de Educación Especial*, México, D. F., SEP, 2000.

[5] "Elementos básicos de las adecuaciones curriculares." En *Curso Nacional de Integración Educativa, Lecturas*, México, D.F., SEP, 2000.

[6] *Ibídem*, p. 163.

[7] *Ibídem*, p. 164.

[8] Ríos Hernández, Mercedes y cols. *Actividad física adaptada. El juego y los alumnos con discapacidad*, Barcelona, Paidotribo.

[9] *Ibídem*, p. 9.

[10] Ortega, Rosario. *Jugar y aprender. Una estrategia de intervención educativa*, Sevilla, España, Díada editora, 1995.

[11] *Ibídem*.

[12] *Ibídem*.

[13] Piaget (obra citada), p. 66.

[14] *Ibídem*, p. 66.

[15] *Ibídem*, p. 66.

¿JUGAMOS?

Estructura de los juegos

Los juegos representan una recopilación de las dinámicas y estrategias utilizadas por los profesores en la práctica, con las modificaciones pertinentes para las características del grupo con diversidad.

Se clasifican atendiendo a la inteligencia que desarrollan de manera principal.

✦ *Estructura de presentación*

Título

Nombre del juego original o modificado de acuerdo con las circunstancias.

Propósito(s)

- Los aspectos que se pretende desarrollar de una o varias inteligencias.

Recursos materiales

Los materiales de apoyo y las condiciones de espacio que se requieren para el desarrollo del juego.

Metodología

La descripción del proceso del juego y las reglas que se establecen para lograr el propósito planteado.

Variantes

Las adaptaciones pertinentes según la discapacidad de los alumnos.

Evaluación

La recuperación y validación de las categorías de cada una de las inteligencias propuestas. En cada juego se recomienda considerar algunos criterios.

JUEGOS PARA DESARROLLAR LA INTELIGENCIA CINESTÉSICO-CORPORAL

Título: Rodemos

Propósito

- Desarrollar la habilidad de rodamiento y el control del movimiento del cuerpo.

Recursos materiales

Espacio con pasto o tapetes

Metodología

1. Se organiza al grupo en dos equipos y se acomodan en fila.

2. Se marca el lugar de salida, de llegada y el regreso. Para ello es necesario señalar en dónde inicia, marcar de tres a cuatro metros a partir de ahí y colocar en ese sitio la señal de llegada. El regreso será por el mismo camino hasta llegar al lugar donde se encuentra el siguiente compañero de fila, a quien el niño tocará para que entonces él inicie el recorrido.

3. Los dos primeros alumnos de cada fila se colocan acostados

recorrer el camino girando hacia la derecha y regresar girando hacia la izquierda.

4. Para rodar pueden elegir entre estas opciones:

    - Brazos laterales al tronco
    - Brazo derecho debajo de la cabeza
    - Brazo izquierdo debajo de la cabeza
    - Brazos levantados paralelos a la cabeza

5. Los alumnos empiezan a girar cuando se da la señal de inicio; se realiza el recorrido; regresan y tocan a su compañero, quien continúa rodando el mismo recorrido, y así sucesivamente hasta que todos hayan rodado.

6. Gana el equipo que termine de realizar el recorrido primero.

Variantes

- **Discapacidad visual:** antes de iniciar el juego, se permite a los alumnos caminar por el recorrido y realizar rodamientos de prueba. Se les dan indicaciones verbales que los orienten sobre el lugar de la llegada o sobre si requieren rodar aún más para llegar al lugar donde se encuentra su compañero.

- **Discapacidad auditiva:** se explica el juego ejemplificándolo. Se utiliza un paliacate en la mano para dar la señal de inicio.

- **Discapacidad motora:** se permite cualquier forma de realizar el recorrido, dando preferencia a la más semejante al rodamiento.

Evaluación

Considere los siguientes criterios:

- Coordinación
- Fuerza
- Velocidad
- Resistencia

Título: Gateo

Propósitos

- Desarrollar la habilidad para desplazarse con gateo.

- Mejorar la coordinación motriz.

- Controlar los movimientos del cuerpo durante la ejercitación con gateo de manera voluntaria.

Recursos materiales

Espacio con pasto, alfombra o tapetes

Cuerdas para poner señales

Paliacate

Metodología

1. Se forma un círculo con el grupo.

2. Se explica que el juego consiste en caminar apoyándose en rodillas y manos, imaginando que representan a un perro, a un gato, o al animal elegido para esa sesión.

3. Se marca en el espacio el camino que recorrerán.

4. Los alumnos se ponen en la posición de gateo e inician el recorrido por el camino señalado, uno detrás de otro, formando una fila.

5. Primero gatean utilizando mano y rodilla derecha al mismo tiempo, y mano y rodilla izquierda, también al mismo tiempo. Avanzan a velocidad lenta de tal manera que puedan coordinar sus movimientos y recorran el camino indicado.

6. Gatean con mano derecha y rodilla izquierda al mismo tiempo, y con mano izquierda y rodilla derecha también al mismo tiempo. Siguen el camino indicado detrás del compañero que les corresponda y a la velocidad que se les indique.

7. Forman cinco equipos y se colocan al inicio de un camino por recorrer; se señala la marca de salida, la señal que deben tocar, así como el lugar al que deben llegar y luego regresar.

8. Gatean utilizando relevos por equipos.

9. El equipo ganador será el que realice el recorrido gateando en menos tiempo.

Variantes

- **Discapacidad visual:** recorren previamente el camino que se utilizará en el juego. Se emplean indicaciones verbales para orientar el recorrido.

- **Discapacidad auditiva:** se dan las instrucciones ejemplificando el juego y el inicio del paso 8 se marca bajando la mano con un paliacate.

- **Discapacidad motora:** se utiliza cualquier forma de desplazamiento, dando preferencia a la más parecida al gateo.

Evaluación

Considere los siguientes criterios:

- Coordinación
- Equilibrio
- Fuerza
- Velocidad
- Resistencia

Título: Camino sobre la línea

Propósitos

- Desarrollar la coordinación motriz.
- Mejorar el equilibrio corporal al caminar.

Recursos materiales

Espacio en el que se encuentren líneas marcadas en el piso

O:

Una tabla de madera ancha de unos 10 metros de largo

Gis

Metodología

1. Se forman dos equipos de alumnos.
2. Se explica que el juego consiste en realizar el recorrido señalado, caminando en la forma que se les indique y sin salirse de la línea.
3. Se señala un recorrido semejante para ambos equipos.
4. Se elige la forma de realizar el recorrido. Las opciones pueden ser:

- Colocar el pie derecho y luego el izquierdo, de manera que el talón de un pie toque la punta del otro pie, y así sucesivamente.

- Caminar hacia atrás colocando los pies de manera que la punta de uno toque el talón del otro.

5. Un alumno de cada equipo realiza el recorrido de ida y vuelta; al llegar toca la mano del compañero siguiente para que él inicie el recorrido y así sucesivamente hasta que todo el equipo realice el recorrido.

6. El alumno obtiene un punto si lo hace de la forma indicada y sin salirse de la línea. No es necesario llegar primero que el compañero para obtenerlo.

7. Después de la participación de cada niño, en un lugar visible para el grupo se anota si obtuvo punto o no.

8. Gana el equipo que acumule más puntos al final.

Variantes

- **Discapacidad visual:** se utiliza en el recorrido una tabla de madera para que el alumno camine sobre ella sin zapatos. Se permite que explore el espacio antes de iniciar el recorrido. Durante el juego se le ayuda con indicaciones orales sobre la ubicación de sus pies en la tabla.

- **Discapacidad auditiva:** se explica el juego ejemplificando cómo se realizará el recorrido.

- **Discapacidad motora:** se permite que el alumno realice el recorrido de la manera que pueda, dando preferencia a las formas de desplazamiento semejantes a caminar. Se otorgará un punto si se realiza el recorrido sin considerar la forma ni la precisión con la cual se realice.

Evaluación

Considere los siguientes criterios:

- Coordinación
- Equilibrio
- Fuerza
- Velocidad
- Resistencia

Título: La pelota

Propósitos

- Desarrollar la coordinación motriz por medio del control y manejo de la pelota.
- Desarrollar la creatividad al inventar formas distintas de movimiento.

Recursos materiales

Pelotas, una para cada equipo

Pelota que emita sonido

Metodología

1. Se organizan equipos de cinco alumnos cada uno.
2. Se explica que el juego consiste en mover la pelota libremente, pero sin repetir la forma de hacerlo que ya haya sido elegida por otro compañero de equipo.
3. Cada alumno utiliza de uno a tres minutos para mover la pelota.
4. Se inicia el juego entregando las pelotas a los equipos, una por cada uno.

5. Cuando el maestro dé la señal, el alumno que tiene la pelota comienza a moverla.

6. Al concluir el tiempo asignado, lanza la pelota a otro compañero, quien tiene ahora que moverla de manera diferente a la forma en que lo hizo el que lo antecedió, y así sucesivamente, hasta que todos los miembros del equipo participen.

7. El maestro o un compañero lleva el tiempo y va indicando con la señal acordada el cambio de turno de los alumnos.

Variantes

- **Discapacidad visual:** se utilizan pelotas con cascabeles o con cualquier objeto que emita sonido al moverla.

  En el paso 5 se acompaña el movimiento de la pelota con la descripción oral del tipo de movimiento realizado.

  En el paso 6 se entrega en la mano la pelota al compañero elegido, ayudándose de indicaciones orales por parte de éste para su ubicación.

- **Discapacidad auditiva:** se explica el juego ejemplificándolo. Para el inicio y la conclusión de los tiempos se utiliza una señal visual, por ejemplo, una mano levantada con un paliacate para dar la señal de detener el movimiento de la pelota y una mano con el paliacate hacia abajo para indicar el movimiento de la pelota.

Evaluación

Considere los siguientes criterios:

- Función simbólica
- Desarrollo corporal interactivo
- Coordinación
- Equilibrio
- Fuerza
- Flexibilidad
- Resistencia

Título: La cuerda

Propósitos

- Mejorar la coordinación motriz.
- Coordinar movimientos del cuerpo con la cuerda a diferentes velocidades.
- Desarrollar la precisión en el movimiento corporal.

Recursos materiales

Cuerdas de 4 metros de largo, una por equipo

Metodología

1. Se organiza al grupo en equipos de 10 alumnos.
2. Se asigna a dos alumnos de cada equipo para mover la cuerda y a los demás se les acomoda en fila.
3. Se explica que el juego consiste en saltar la cuerda.
4. Las opciones para saltar son:

    - Cuando se mueve sobre el piso como un gusano.
    - Colocarse junto a la cuerda, moverla en forma circular y realizar un salto.
    - Con la cuerda en movimiento circular, entrar, saltar de una a tres veces y salir.
    - Con la cuerda en movimiento rápido, entrar, saltar de tres a cinco veces y salir.

5. Se inicia el juego pasando a saltar alumno por alumno, hasta concluir la fila.
6. Se repite el orden de los alumnos para saltar la cuerda variando la opción de salto.

7. Al alumno que no logre saltar la cuerda como se ha indicado, le corresponde tomar el lugar de quien la está moviendo.

8. Se da oportunidad a los alumnos de practicar varias veces la misma opción de la forma de saltar la cuerda.

9. Ganan los alumnos que logren saltarla como se les indica.

Variantes

• **Discapacidad visual:** para estos alumnos se recurre a las opciones segunda y cuarta; en esta última se inicia junto a la cuerda. En ambas opciones se acompaña el salto con la ayuda oral que indique al alumno el momento en el que debe hacerlo.

• **Discapacidad auditiva:** se explica el juego ejemplificándolo.

• **Discapacidad motora:** se utiliza la primera opción y se acepta como válida cualquier forma de pasar de un lado a otro de la cuerda sin pisarla.

Evaluación

Considere los siguientes criterios:

• Desarrollo corporal interactivo
• Coordinación
• Equilibrio
• Fuerza
• Velocidad
• Resistencia

Título: Los aros

Propósitos

• Desarrollar la coordinación motora.

• Mejorar la atención y la reacción inmediata de movimiento de acuerdo con la señal.

Recursos materiales

Aros de plástico, uno por cada niño

Metodología

1. Se explica que el juego consiste en poner los aros sobre el piso en diferentes lugares, adentro del espacio indicado para el juego (puede señalarse con líneas de gis), colocándose cada niño dentro de uno, excepto uno de ellos, que intentará ganar un aro.

2. Se elige al alumno que iniciará el juego sin aro.

3. Se reparte un aro a cada alumno.

4. Se colocan los aros sobre el piso y dentro de cada uno un niño.

5. El niño que no tiene aro, da una señal y todos los alumnos cambian de aro.

6. El alumno sin aro trata de ganar uno llegando antes que sus compañeros.

7. Otro alumno diferente se queda sin aro y se encarga de dar la señal, y así sucesivamente.

8. Gana el aro el alumno que se coloque primero dentro del área delimitada para cada aro.

Variantes

- **Discapacidad visual:** juegan por parejas tomados de la mano; el miembro de la pareja sin discapacidad visual indica a su compañero hacia dónde correr y la ubicación de los aros.

- **Discapacidad auditiva:** se ejemplifica el juego con movimientos corporales. En el momento de la señal utiliza un movimiento, por ejemplo, levantar los brazos.

- **Discapacidad motora:** se acepta cualquier tipo de desplazamiento. El alumno gana el aro con sólo tocarlo con cualquier parte de su cuerpo.

Evaluación

Considere los siguientes criterios:

- Desarrollo corporal interactivo
- Coordinación
- Equilibrio
- Velocidad
- Resistencia

Título: Camino sobre sillas

Propósito

- Desarrollar la inteligencia cinestésico-corporal, la coordinación motora y el trabajo en equipo.

Recursos materiales

Sillas ligeras dependiendo del tamaño del alumno

Espacio amplio que puede ser el patio o el salón de juegos

Metodología

1. Se organiza el grupo en equipos de tres a cinco integrantes, dependiendo del número de alumnos.

2. A cada integrante le corresponde una silla que coloca en una fila con las sillas de su equipo y una sobrante delante de la fila.

3. Cada alumno se para sobre su fila.

4. A la señal de inicio, pasan a la siguiente silla delantera.

5. La silla final, que queda vacía, se pasa de mano en mano hasta colocarla al frente.

6. Pasan a la siguiente silla, hacia adelante, repitiendo el procedimiento anterior.

7. Gana el equipo que logre llegar primero de un extremo a otro del espacio destinado.

8. Nadie puede bajarse de las sillas antes de llegar al otro extremo; de ser así, el equipo será descalificado.

9. Al inicio del juego se acuerda si el equipo ganará cuando la primera silla cruce la línea de meta o hasta que todas las sillas la hayan cruzado.

10. Las sillas se colocan una delante de la otra sin dejar espacio entre ellas.

Variantes

- **Discapacidad motora:** dependiendo de la complejidad del problema, se incluye material como hojas de papel, bloques de unicel, ladrillos, bancos, etc. Asimismo, puede variar la distancia que deben recorrer.

- **Discapacidad visual:** se nombra un guía para delimitar el trayecto, el cual sólo puede intervenir con la mínima ayuda posible, determinando ésta al inicio del juego.

Evaluación

Considere los siguientes criterios:

- Desarrollo corporal interactivo
- Coordinación
- Equilibrio
- Fuerza
- Velocidad
- Resistencia

Título: Relevos de sillas

Propósito

- Desarrollar la inteligencia cinestésico-corporal, la fuerza, la coordinación motora, el trabajo en equipo.

Recursos materiales

Sillas ligeras

Espacio amplio que puede ser el patio de recreo, un lugar al aire libre o un salón de juegos

Metodología

1. Se organiza el grupo en equipos de cinco o más integrantes, dependiendo del espacio y considerando el tamaño del grupo.

2. Se colocan en hileras en la meta de salida.

3. El primer integrante de cada fila sostiene una silla sobre su cabeza.

4. A la orden de salida, corren al extremo marcado y regresan pasando la silla al siguiente integrante del equipo.

5. El segundo en salir carga la silla y hace lo mismo que el primer participante.

6. Se realiza el mismo procedimiento hasta que el último integrante cruce la meta final.

7. Gana el equipo cuyo último integrante llegue primero a la meta.

Variantes

- **Discapacidad motora:** se utilizan objetos más ligeros para colocarlos sobre la cabeza recorriendo distancias más pequeñas y lo más libre de obstáculos posible. También pueden caminar y no correr.

Evaluación

Considere los siguientes criterios:

- Desarrollo corporal interactivo
- Coordinación
- Equilibrio
- Fuerza
- Velocidad
- Flexibilidad
- Resistencia

Título: Sillas musicales

Propósitos

- Desarrollar la inteligencia cinestésico-corporal, la atención, la coordinación motora, el ritmo.
- Desarrollar la inteligencia lógico-matemática, con el concepto de "quitar" (resta).

Recursos materiales

Grabadora

Música bailable

Espacio amplio como el patio de recreo o un salón grande

Sillas

Metodología

1. Se colocan las sillas en hileras, intercaladas hacia el frente y hacia atrás. Debe haber una silla menos que el número total de participantes.

2. Los participantes se ubican alrededor de las sillas.

3. Al escuchar la música comienzan a moverse alrededor de las sillas, puede ser bailando, corriendo, siguiendo trayectorias circulares, etcétera.

4. Cuando la música deje de sonar toman un lugar.

5. Va saliendo del juego el participante que quede de pie.

6. Al escuchar de nuevo la música giran alrededor de la hilera de sillas, realizando cualquier tipo de movimiento.

7. Se quita una silla cada vez que se escuche la música.

8. Gana el participante que quede sentado en la última silla.

9. Está prohibido que algún participante jale la silla, la mueva fuera de la hilera o la cambie de dirección. El coordinador será quien quite la silla de cada ronda y se encargue de la música.

Variantes

- **Discapacidad auditiva:** si el lugar es cerrado, la música se toca con un volumen más alto; el aparato de sonido o las bocinas se colocan en el suelo y se pide a los participantes que se descalcen para que puedan percibir las vibraciones. Para reemplazar la música, pueden utilizarse carteles con colores. Se muestra un cartel verde para que giren o se muevan alrededor de las sillas, o uno rojo para que tomen su lugar.

Evaluación

Considere los siguientes criterios:

- Función simbólica
- Desarrollo corporal personal
- Coordinación
- Equilibrio

- Fuerza
- Velocidad
- Resistencia

Título: Acarrea tu pelota

Propósitos

- Desarrollar la coordinación motora.
- Centrar la atención.
- Determinar trayectorias.

Recursos materiales

Un bastón

Una pelota mediana

Una línea en el piso para cada equipo

Metodología

1. Se organiza al grupo en equipos de cuatro o cinco integrantes.
2. Se colocan en filas.
3. Cada integrante tiene un bastón en la mano.
4. El primer integrante, que está detrás de la línea de salida, tiene una pelota frente a él.
5. A la orden de salida, el participante trata de conducir la pelota a lo largo de la línea hasta el final, golpeándola suavemente

con el bastón y de regreso hasta entregarla al siguiente participante.

6. El segundo participante sale en el momento en que se le entregue la pelota y realiza el mismo recorrido, hasta entregarla al tercero.

7. Gana el equipo cuyo último integrante regrese primero con la pelota.

8. La pelota debe llevarse con cuidado procurando que no se desvíe demasiado de la línea marcada en el piso.

9. Si la pelota sale de la línea con mucha distancia de por medio el participante comenzará de nuevo desde la línea de salida.

Variantes

• **Discapacidad visual:** para sustituir la línea trazada en el piso puede construirse un camino bordeado por madera o ladrillo colocados uno detrás del otro, procurando que el material que se utilice no permita la salida de la pelota hacia ningún lado y pueda seguir una trayectoria establecida.

• **Discapacidad motora y discapacidad intelectual:** el bastón puede variar de un palo de escoba a una tabla de 25 centímetros de ancho para reducir la dificultad. Asimismo, el tamaño de la pelota puede ser chica, mediana o grande según la necesidad del niño.

Evaluación

Considere los siguientes criterios:

• Desarrollo corporal interactivo
• Coordinación
• Equilibrio

• Fuerza
• Velocidad
• Resistencia

Título: Ping pong

Propósitos

- Desarrollar la coordinación motora visomanual.
- Mejorar la concentración.
- Centrar la atención.

Recursos materiales

Una pelota

Una raqueta

Una línea trazada en el piso

Metodología

1. Se coloca un participante frente a otro.
2. Se traza una línea a la mitad del espacio entre ambos.
3. Se ubica a una persona a un costado de la línea, quien fungirá como juez.
4. El juez determina si se comete alguna falta y anota los puntos de cada participante.
5. Cada participante se coloca por lo menos a medio metro de la línea.
6. Lanza la pelota al contrincante. Ésta debe pasar la línea.
7. El contrincante espera a que dé uno o dos botes y la golpea con la raqueta, siempre procurando que pase la línea de enmedio.
8. Se considera falta si no se golpea la pelota, se deja botar más de dos veces o no pasa la línea de en medio.
9. Al cometerse una falta, el contrario tiene derecho a lanzarla en ese momento.

10. Se anotan puntos al ganador.

11. El juego termina cuando alguno de los participantes llegue a 10 puntos.

Variantes

- **Discapacidad motora:** para facilitar el juego no se utiliza la raqueta. Así, la pelota puede golpearse con la mano o tomarse y lanzarse de nuevo. El tamaño de la pelota depende también de la destreza de los participantes.

Nota: la raqueta puede ser una tabla de madera de 25 cm de ancho por 75 cm de largo. O, para que el material sea más ligero, puede construirse de plástico.

Evaluación

Considere los siguientes criterios:

- Función simbólica
- Desarrollo corporal interactivo
- Coordinación
- Equilibrio
- Fuerza
- Velocidad
- Flexibilidad
- Resistencia

Título: Las ranas

Propósito

- Desarrollar la coordinación motriz, la fuerza y la flexibilidad.

Recursos materiales

Espacio amplio

Metodología

1. Se organiza al grupo en equipos.

2. Se colocan los participantes de cada equipo en filas.

3. Se traza la línea de salida y la línea de meta.

4. Se colocan los participantes en la línea de salida en cuclillas, con las manos sobre las rodillas.

5. A la orden de salida, intentan llegar a la línea de meta brincando. Al brincar deberán estirar las piernas y los brazos lo más posible, regresar a la posición inicial y repetir los movimientos.

6. Al cruzar la línea de meta el primer participante, sale el siguiente.

7. Gana el equipo cuyo último integrante cruce la meta primero.

8. Si los participantes al brincar no intentan estirarse deben regresar a la línea de salida y comenzar de nuevo o serán descalificados.

9. Esta actividad debe realizarse con calentamiento previo para evitar un desgarre o contractura.

Variantes

- **Discapacidad motora:** cambia el espacio a recorrer o se realizan saltos con menor grado de dificultad; por ejemplo, de pie con las manos en las rodillas, saltar y estirar los brazos, o parado de puntas, estirar los brazos al dar cada paso, en lugar de saltar.

Evaluación

Considere los siguientes criterios:

- Función simbólica
- Desarrollo corporal personal
- Coordinación
- Equilibrio

- Fuerza
- Velocidad
- Flexibilidad
- Resistencia

Título: Pelotas de periódico

Propósito

- Desarrollar la destreza óculopedal, al utilizar los pies sin usar las manos.

Recursos materiales

Hojas de papel periódico

Espacio amplio y cerrado

Metodología

1. Se pide a los alumnos que se descalcen.
2. Se proporciona una hoja de periódico a cada uno.

3. Se colocan las hojas en el piso.

4. Cada uno debe pararse sobre una hoja.

5. Se les indica que no pueden utilizar sus manos en ningún momento, sólo sus pies.

6. Los niños rasgan el periódico en dos partes.

7. Enseguida comienzan a arrugar el papel y a unirlo tratando de hacerlo bolita.

8. Siempre con los pies, colocan la bolita sobre la otra parte del periódico e intentan arrugarla y formar otra bola sobre la que ya tienen.

9. Cuando hayan formado más o menos la doble bola pueden utilizar las manos para compactarla.

10. Finalmente se les pide que la pateen o que cada uno proponga un juego con ella donde no se utilicen las manos.

Variantes

Pueden utilizarse otros materiales como papel revolución o papel de China, siempre y cuando sea ligero y no lo lastime o lo corte. El coordinador determina en qué momento el niño puede utilizar sus manos, dependiendo del problema o las necesidades de aquél.

Evaluación

Considere los siguientes criterios:

- Función simbólica
- Desarrollo corporal personal
- Desarrollo corporal interactivo
- Coordinación

- Equilibrio
- Fuerza
- Flexibilidad
- Resistencia

Título: Comida corrida

Propósito

- Desarrollar la habilidad para seguir dos o más instrucciones y realizar dos o más actividades a la vez.

Recursos materiales

Platos de sopa, dependiendo del número de equipos

Cucharas, una por participante

Espacio amplio

Metodología

1. Se organizan en equipos de cuatro o cinco integrantes.

2. Cada equipo se ubica en filas.

3. Se marca la línea de salida. En el otro extremo se coloca una mesa con un plato de sopa por equipo.

4. Cada integrante del equipo debe tener consigo una cuchara.

5. Al escuchar la orden de salida, sale el primer integrante corriendo hasta llegar a la mesa, toma una cucharada de sopa procurando no derramarla sobre la mesa y regresa a formarse a su fila.

6. En cuanto cruce éste la línea de salida, el siguiente participante debe hacer lo mismo.

7. Gana el equipo que termine primero el plato de sopa, habiendo derramado la menor cantidad posible.

Variantes

Puede colocarse un integrante en el lugar de la mesa, quien debe darles la sopa a sus compañeros procurando no mancharlos.

Otra modalidad es comer una naranja; comienzan corriendo y pelando la naranja; al llegar a la línea de salida se la entrega al siguiente competidor quien continúa con el procedimiento, hasta que la hayan pelado y comido por completo.

Evaluación

Considere los siguientes criterios:

- Función simbólica
- Desarrollo corporal personal
- Desarrollo corporal interactivo
- Coordinación
- Equilibrio
- Fuerza
- Velocidad

Título: Carreras de recogedores

Propósitos

- Desarrollar el equilibrio.
- Centrar la atención.
- Fortalecer la coordinación óculomanual.

Recursos materiales

Recogedores

Globos

Espacio amplio y preferentemente cerrado

Metodología

1. Se organiza el grupo en equipos de seis a ocho participantes.
2. Cada equipo tendrá un globo para todos y un recogedor para cada uno.

3. Se divide al equipo en dos; la mitad se ubica en un extremo del espacio y la otra mitad en el otro.

4. El primer competidor de cada equipo coloca el globo sobre el recogedor.

5. A la voz de salida comienza a caminar lo más rápido posible cuidando que el globo no caiga del recogedor, sin meter las manos.

6. El equipo cuyo competidor deje caer el globo será descalificado o comenzará de nuevo desde su línea de salida.

7. Al llegar al otro extremo coloca el globo en el recogedor de su compañero y éste sale hacia el extremo contrario donde otro integrante lo espera para que coloque el globo sobre su recogedor.

8. El juego termina cuando el último competidor haya cruzado la línea contraria sin perder el globo.

Variantes

*   **Discapacidad motora y discapacidad intelectual:** según el grado de la discapacidad, se utilizan pelotas medianas en lugar de globos que son más ligeros y que fácilmente pueden volarse.

    En el caso de niños en silla de ruedas, en lugar de recogedores es posible utilizar conos y colocárselos entre las piernas.

    También puede flexibilizarse la regla y permitir que el niño tome de nuevo el globo y siga adelante, siempre y cuando no utilice las manos, sólo el recogedor.

    En casos extremos de problemas motores, se les permite incluso que de vez en cuando utilicen la mano para detener o tomar el globo, procurando que sea el menor tiempo posible durante el recorrido.

Evaluación

Considere los siguientes criterios:

- Función simbólica
- Desarrollo corporal interactivo
- Coordinación
- Equilibrio

- Fuerza
- Velocidad
- Resistencia

Título: Corro muy rápido

Propósito

- Realizar desplazamientos por el espacio señalado corriendo a la mayor velocidad posible.

Recursos materiales

Espacio al aire libre

Paliacate

Gis para marcar la meta

Dos cuerdas para el carril

Estambre para la meta

Metodología

1. Se realizan de 10 a 15 minutos de calentamiento muscular: trote, estiramiento, flexión.
2. Se forma al grupo en hileras de cinco niños.
3. Se explica que el juego consiste en correr lo más rápido que cada uno de ellos pueda de la manera indicada, hasta llegar a la meta y de regreso. (Se señala dónde es la salida y dónde la meta.)
4. Las opciones para correr pueden ser:

   - Con las manos en la cabeza

- Al lado derecho o izquierdo
- De manera normal
- Hacia atrás

5. Al darse la señal de salida, los alumnos de la primera hilera inician la carrera con la opción elegida.

6. Cuando regrese la primera hilera, continúa la segunda, y así sucesivamente.

7. El juego continúa cambiando la opción para correr.

8. Se combinan las opciones para correr entre cada hilera.

9. Gana un alumno de cada hilera en cada opción para correr.

10. El juego concluye comentando la importancia de desarrollar nuestras aptitudes físicas, por ejemplo, la velocidad para correr.

Variantes

- **Discapacidad visual:** se explora el camino que recorrerá. Utiliza sólo un sentido pues en estos casos la carrera será sólo de ida. El camino se marca con dos cuerdas a la altura de los brazos del niño que indiquen el carril y le permitan ubicarse en el espacio. Se utiliza estambre en la meta en su carril, y se le avisa verbalmente cuando la haya cruzado. Debe haber espacio suficiente después de la meta para detenerse. Al cruzar la meta un compañero se acerca a él y lo toca para que sienta el contacto y se detenga.

- **Discapacidad auditiva:** se explica el juego ejemplificándolo. Se utiliza una señal visual como realizar movimientos de correr con la opción elegida y bajar la mano con un paliacate para dar la señal de salida.

- **Discapacidad motora:** se usa cualquier forma de desplazamiento posible para el alumno. Según sus circunstancias de desplazamiento, se ubica la meta para él a menor distancia de la meta de los demás alumnos.

Evaluación

Considere los siguientes criterios:

- Desarrollo corporal personal
- Coordinación
- Equilibrio

- Fuerza
- Velocidad
- Resistencia

Título: Mantengo el equilibrio

Propósito

- Desarrollar el equilibrio del cuerpo al caminar sobre un espacio determinado.

Recursos materiales

Una tabla larga de 30 centímetros de ancho colocada sobre soportes de madera o tabiques

Metodología

1. Se forma al grupo en fila.

2. Se explica que el juego consiste en caminar sobre la tabla en la forma que se indique y sin caerse.

3. Las opciones para recorrer la tabla son:

   - Caminar hacia el frente con los brazos extendidos de manera perpendicular al tronco.

   - Retroceder utilizando los brazos para mantener el equilibrio.

   - Caminar sobre la tabla lo más rápido posible sin caerse.

4. El primer niño de la fila inicia el juego; al terminar de recorrer la tabla, continúa el segundo, y así sucesivamente hasta que todos hayan realizado las opciones propuestas.

5. Se asigna un punto a cada niño por cada recorrido realizado en el cual mantuvo el equilibrio.

6. Ganan los alumnos que al final del juego hayan obtenido más puntos.

Variantes

- **Discapacidad visual:** la tabla se coloca sobre el suelo, sin soportes. El alumno la explora con sus manos y camina sobre ella antes del juego. Durante éste se le dan indicaciones orales para ayudarlo en su orientación.

  En caso necesario se colocan unas cuerdas a unos 30 centímetros de altura del piso, paralelas a la tabla, en ambas orillas, para que al sentirlas ubique la dirección y el espacio.

  Se le indica el momento en que recorrerá toda la tabla y cuando haya terminado de hacerlo.

- **Discapacidad auditiva:** se muestra la opción para caminar sobre la tabla de manera corporal, ejemplificándola.

- **Discapacidad motora:** se utiliza cualquier tipo de desplazamiento que le sea posible. Se coloca la tabla sobre el piso, sin soportes.

Evaluación

Considere los siguientes criterios:

- Desarrollo corporal personal
- Coordinación
- Equilibrio

- Fuerza
- Velocidad
- Resistencia

4

JUEGOS PARA DESARROLLAR LA INTELIGENCIA ESPACIAL

Título: Escribo en varios tamaños

Propósitos

- Utilizar diferentes espacios para escribir.
- Mejorar el control de los movimientos del cuerpo en un espacio determinado.

Recursos materiales

Espacio amplio con cemento, donde sea posible pintar con gis

Gises de colores

Marcos de papel periódico de diferentes tamaños

Metodología

1. Se explica al grupo que el juego consiste en escribir lo que quieran con gises de colores en diferentes tamaños, utilizando los marcos de papel.

2. Se les organiza en equipos de tres alumnos.

3. Se distribuyen el espacio y los materiales. (Se entregan a cada equipo gises de distintos colores y marcos de varios tamaños.)

4. Cada equipo se pondrá de acuerdo respecto al texto que escribirá, y los colores y tamaños de las letras.

5. Se especifica que el requisito es usar diferentes tamaños de letras en el texto.

6. Cada equipo tendrá de 15 a 20 minutos para la elaboración del texto.

7. Al concluir el trabajo, se reúne al grupo y se realiza un recorrido por todo el espacio para observar y leer los textos.

8. El grupo elige el que les haya gustado más.

9. El equipo que realizó el texto elegido será el ganador.

10. El día siguiente o poco tiempo después se lava el piso.

Variantes

- **Discapacidad visual:** se explora el tamaño de los marcos. Se les ayuda indicándoles los colores de gis que tienen y poniéndoles el que quieran en las manos. Se les dan indicaciones verbales sobre el trazo de sus letras.

- **Discapacidad auditiva:** se explica el juego ejemplificándolo con el trazo de algunas palabras, utilizando el marco de papel y los gises.

- **Discapacidad motora:** usan cualquier parte de su cuerpo que tenga movimiento para trazar con gis. También pueden utilizar papel de estraza como fondo y plumones que manejen con los pies o la boca en caso de que no tengan capacidad de mover las manos. El tamaño de los marcos de papel se elegirá de acuerdo con sus posibilidades de desplazamiento; en caso necesario, se trabaja con líneas trazadas en el piso en lugar de los marcos.

- **Discapacidad intelectual:** se toma como válida cualquier forma de representación convencional o no convencional de lengua escrita. Al pasar en grupo, se observa el trabajo y se les pregunta qué dice.

Evaluación

Considere los siguientes criterios:

- Percepción
- Transformación
- Recreación
- Representación

Título: Reproduzco mensajes

Propósitos

- Identificar la ubicación de diferentes objetos en el espacio.
- Realizar movimientos para localizarlos.

Recursos materiales

Papelitos con mensajes en texto, o con texto y dibujo, doblados como boletos de rifa

Un recipiente para colocar los papelitos

Objetos que se encuentren en el lugar

Metodología

1. Se forma al grupo en círculo.
2. Se explica que el juego consiste en tomar un papelito del recipiente, leerlo en silencio y realizar la acción que ahí se indica.
3. El grupo intenta adivinar lo que el papelito dice a partir de la acción realizada por el alumno.
4. Las opciones de mensajes pueden ser como las siguientes:

   - Toca la puerta
   - Corre alrededor del círculo

- Saluda con la mano a un compañero
- Camina hasta el centro del círculo
- Toca el piso

5. El juego inicia siguiendo el orden de los alumnos acomodados en círculo; se toma el papelito, se lee, se realiza la acción, el grupo adivina, y así con cada niño.

6. Si el grupo es muy numeroso, pueden formarse varios círculos de diez alumnos cada uno.

7. Si el juego se prolonga porque el grupo no adivina puede elegirse sólo a algunos niños: el alumno que pasa y representa elige quién de sus compañeros tomará un papelito.

8. El juego concluye explicando la importancia de poder desplazarse por el espacio y realizar diversas actividades.

Variantes

- **Discapacidad visual:** recorren el lugar antes del juego ubicando el espacio donde se encuentran las personas y los objetos que se utilizarán en él. En el paso 5, después de elegir el papelito, se le muestra al profesor para que lo lea y le diga el mensaje en voz baja.

- **Discapacidad auditiva:** se explica el juego ejemplificándolo.

- **Discapacidad motora:** se usa cualquier forma de representación (corporal o gráfica) y de desplazamiento.

- **Discapacidad intelectual:** se trabaja con mensajes sencillos; puede decirse en forma oral lo que deben hacer, por ejemplo, tocar con sus manos el objeto que muestre el papelito o tocar la parte del cuerpo que esté dibujada en él. Los papelitos pueden decir: puerta, piso, silla, ojos, pie, etc., tener el dibujo del objeto o la parte del cuerpo y debajo un texto.

Evaluación

Considere los siguientes criterios:

- Percepción
- Representación
- Orientación
- Sensibilidad espacial

Título: Laberinto de obstáculos

Propósitos

- Desarrollar la habilidad para recorrer espacios con obstáculos respetando los límites marcados.
- Coordinar el movimiento de su cuerpo a través de obstáculos.

Recursos materiales

Sillas

Gis

Espacio amplio donde se pueda pintar el piso con gis

Cartulina

Plumón

Reloj con segundero

Paliacate

Metodología

1. Se acomodan las sillas, dejando espacio para una persona entre una y otra; se hace un camino a lo largo del espacio y se forman líneas rectas, curvas, quebradas, etcétera.

2. Se traza un camino con dos líneas de gis como si fueran las orillas de una carretera que pasa por el lado derecho de las sillas y en otros casos por el lado izquierdo.

3. Se forma a los alumnos en fila al inicio del camino.

4. Se explica que el juego consiste en recorrer la carretera marcada, lo más rápido posible, pero sin salirse de la carretera y sin chocar con las sillas.

5. El primer alumno de la fila inicia el recorrido; el profesor señala la salida y toma el tiempo con el reloj, fijándose en las veces que se sale de la carretera o choca con alguna silla.

6. Se anota en una cartulina el nombre del alumno, el tiempo realizado, y el número de veces que se salió de la carretera o chocó con una silla.

7. Todos los niños realizan el recorrido.

8. Gana el que lo haya hecho en el menor tiempo y con menos salidas de la carretera y choques con sillas.

9. Se da preferencia al menor tiempo con ninguna salida ni choque.

10. También puede hacerse el recorrido sin tomar el tiempo y poniendo como requisitos no salirse del camino ni chocar con sillas. Se da un punto de ganador al que lo logre de esta manera.

Variantes

- **Discapacidad visual:** realizan el recorrido antes y no se marca la carretera con el gis. Juegan recorriendo el camino y pasando las sillas: una por la derecha, la siguiente por la izquierda y luego por la derecha, y así sucesivamente. Se les ayuda con indicaciones verbales durante el recorrido.

- **Discapacidad auditiva:** se explica el juego ejemplificándolo. Al dar la señal de inicio se toma un paliacate y se baja para que el alumno lo vea.

- **Discapacidad motora:** No se utilizan marcas con el gis. Hacen el recorrido corto. Se separan las sillas de manera que los alumnos tengan espacio suficiente entre cada una para desplazarse.

  Realizan el recorrido pasando las sillas: una vez por la derecha, la siguiente por la izquierda y así sucesivamente.

Evaluación

Considere los siguientes criterios

- Percepción
- Recreación
- Orientación
- Continuidad

Título: Laberinto con gráficas

Propósitos

- Identificar un camino.

- Mejorar la coordinación ojo-mano, en un espacio determinado.

Recursos materiales

Hojas de libreta con cuadro grande

Lápices

Colores rojos

Geoplano

Cordones elásticos

Agujetas

Metodología

1. Se entrega una hoja y un lápiz a cada alumno.

2. Se les pide que tracen un camino con doble línea de un lado de la hoja al otro, utilizando como base las líneas de los cuadros y marcando con flechas el final del laberinto.

3. Se llenan los otros espacios de la hoja trazando varios caminos que se cierren en diferentes partes de la misma y se dejan tres o cuatro inicios del laberinto.

4. Se intercambia por parejas el laberinto elaborado para que el compañero encuentre el camino.

5. El alumno lo traza con color rojo.

6. También puede dibujarse en el extremo de la hoja donde hay varios inicios un perro, un gato o un ratón, y al final, la casa de

alguno de estos animales. Se les dice a los niños: "Ayuden al perro a encontrar el camino a su casa".

7. Gana el alumno de la pareja que trace primero el camino que conduce del principio al final del laberinto.

Variantes

- **Discapacidad visual:** en lugar de hoja cuadriculada se emplea el geoplano, y en vez de líneas cordones elásticos para trazar los caminos.

   El camino que deben recorrer para llegar del principio al final del laberinto lo localizan con las manos y acomodando en él una agujeta.

- **Discapacidad auditiva:** se ejemplifica en el pizarrón la forma de realizar el laberinto. Se utilizan señales corporales para señalar el momento de intercambiar el laberinto con sus compañeros.

- **Discapacidad motora:** utilizan el laberinto ya trazado con caminos amplios o el geoplano con el laberinto formado, para que busquen el camino colocando sobre él la agujeta.

- **Discapacidad intelectual:** juegan con laberintos sencillos con el camino principal trazado y se les pide que completen los trazos de la hoja.

Evaluación

Considere los siguientes criterios:

- Percepción
- Transformación
- Recreación

- Representación
- Orientación
- Continuidad

Título: Laberinto con dibujos

Propósitos

- Identificar un camino dentro de un espacio con varios laberintos.
- Mejorar la coordinación motriz fina al trazar líneas por un camino marcado.

Recursos materiales

Hojas con laberintos con dibujos al principio y al final de cada laberinto

Colores

Tablas de madera con laberintos marcados con bajo relieve

Metodología

1. Se explica que van a buscar el camino por el cual pueden unir los dos dibujos que se encuentran a los lados de la hoja, recorriendo el camino con un color sin chocar o salirse de él.

2. En las hojas debe haber varios laberintos, iniciando con uno que contenga sólo dos caminos, uno de los cuales une los dos dibujos. Los dibujos pueden ser de un niño en un extremo y una pelota en el otro. Se dice a los alumnos: "Ayuda al niño a encontrar el camino para llegar a donde está su pelota". Cada laberinto debe ser más complejo.

3. Se entregan a los alumnos las hojas con los laberintos y los colores. Pueden utilizar el color que quieran para trazar su camino e iluminar los dibujos.

4. Gana el primero de cada fila que encuentre el camino y lo trace sin chocar ni salirse de él. Se juega laberinto por laberinto para dar oportunidad a que haya varios ganadores.

5. El juego concluye comentando sobre la importancia de buscar caminos para encontrar soluciones.

Variantes

- **Discapacidad visual:** se utilizan tablas de madera con laberintos con bajorrelieve. El alumno sentirá el camino con las manos y colocará una agujeta señalando el que une los dos extremos.
- **Discapacidad auditiva:** se explica el juego ejemplificando con estos laberintos.
- **Discapacidad motora:** se utilizan laberintos con caminos amplios, pueden ser en hoja o en tablas de madera.
- **Discapacidad intelectual:** se usan laberintos sencillos y se aumenta la complejidad conforme los alumnos los vayan resolviendo.

Evaluación

Considere los siguientes criterios:

- Percepción
- Transformación
- Representación
- Orientación

Título: Dibujo como me indican

Propósito

- Desarrollar la capacidad para utilizar un espacio reproduciendo dibujos mediante instrucciones.

Recursos materiales

Hojas con dibujos sencillos

Hojas blancas

Colores

Dibujo en relieve de plastilina sobre cartón o madera

Plastilina

Cartón o madera como base para cada alumno

Metodología

1. Se explica que el juego consiste en dibujar lo que un compañero les vaya diciendo.

2. Se eligen dos o tres niños para describir dibujos.

3. Los alumnos reciben hojas blancas y colores.

4. Al alumno que va a describir se le entrega la hoja con el dibujo de manera que los demás no lo vean.

5. Los alumnos elegidos describen el dibujo, por turnos, dando verbalmente las indicaciones para que cada niño lo realice.

6. Al finalizar cada niño muestra los dibujos a sus compañeros (el que describió y los dibujados por los niños).

7. Ganan los que realizaron los tres dibujos más parecidos al original.

Variantes

- **Discapacidad visual:** en el material se utilizan dibujos en relieve de plastilina sobre una base de cartón o madera. En los pasos 4 y 5 la descripción se hace a partir de tocar con las manos el dibujo. La figura representada con plastilina debe ser sencilla. Los otros alumnos pueden representarlo también con plastilina.

- **Discapacidad auditiva:** en el paso 5 recurren a la expresión corporal para describir el dibujo. Los trazos empleados en el dibujo original deben ser sencillos y sin detalles.

- **Discapacidad motora:** se acepta como válido cualquier tipo de dibujo tomando como referencia sólo el parecido de las formas generales.

- **Discapacidad intelectual:** se usan dibujos sencillos para la descripción.

Evaluación

Considere los siguientes criterios:

- Percepción
- Transformación
- Recreación
- Representación
- Orientación
- Sensibilidad espacial

Título: El gato y el ratón

Propósitos

- Reconocer espacios disponibles respetando límites.
- Desarrollar agilidad, velocidad y coordinación motora.

Recursos materiales

Espacio amplio

Metodología

1. Los participantes se colocan a lo largo del espacio en marcas previamente dibujadas en el piso. De esta manera, fungen como obstáculos.

2. Un participante, que será el gato, se ubica en un extremo del grupo; otro, en el otro extremo, será el ratón.

3. A la orden de salida el gato y el ratón se echan a correr, procurando este último no ser atrapado.

4. El gato debe esquivar los obstáculos sin ser tocado por sus compañeros.

5. Los alumnos que fungen como obstáculos pueden intentar detener al gato para ayudar al ratón a no ser atrapado.

6. Pueden moverse sólo un paso en cualquier sentido, sin despegar el otro pie de la marca del piso; si lo hacen se les descalifica y salen del juego.

7. Ni el gato ni el ratón pueden salir del área donde se encuentran los participantes-obstáculos. Si alguno lo hace será descalificado.

8. El juego termina cuando el ratón es atrapado por el gato, ganando así éste; o cuando el gato es atrapado por alguno de los participantes-obstáculo y gana el ratón.

9. El ganador es el gato en el siguiente juego y el perdedor pasa a formar parte de los obstáculos, sustituyendo el lugar de uno de éstos.

10. Al inicio debe especificarse que los participantes-obstáculo sólo podrán abrazar al gato para atraparlo; no pueden jalarlo ni golpearlo, pues serán descalificados.

Variantes

- **Discapacidad visual:** tanto el gato como el ratón emiten la onomatopeya correspondiente para que los participantes-obstáculo puedan diferenciarlos. De igual manera, deben realizar un reconocimiento del lugar antes de comenzar el juego para evitar accidentes.

- **Discapacidad motora:** los participantes que no puedan moverse participan como obstáculos y tratan de detener al gato; si lo consiguen ganan puntos.

Evaluación

Considere los siguientes criterios:

- Percepción espacial
- Orientación
- Coordinación
- Velocidad

Título: Espalda táctil

Propósito

- Reproducir, mediante el dibujo, formas percibidas por el sentido del tacto.

Recursos materiales

Hojas con diversas figuras o formas geométricas

Hojas blancas

Lápices

Metodología

1. Los alumnos se colocan por parejas.

2. Se proporciona a cada uno una hoja con diferentes figuras, hojas blancas y un lápiz.

3. Un miembro de cada pareja se coloca de espaldas a su compañero.

4. El que queda de frente dibuja con el dedo sobre la espalda de su compañero una de las formas o figuras contenidas en su hoja.

5. Éste reproduce la figura o forma en una hoja blanca; si acierta se le dará un punto.

6. Enseguida, el que estaba de espaldas dibuja con el dedo sobre la espalda de su compañero una de las formas o figuras de su hoja y se repite el mismo procedimiento.

7. Al terminar con las formas de su hoja se hace el conteo de los puntos de cada uno y gana el que tenga más.

Variantes

El grado de complicación de las formas y figuras dependerá del nivel de cada uno de los alumnos y de su habilidad para reproducirlas.

Evaluación

Considere los siguientes criterios:

- Percepción espacial
- Recreación
- Representación
- Orientación

Título: Librando obstáculos

Propósitos

- Desarrollar la habilidad de desplazarse reconociendo cambios de dirección, aplicando velocidad y conociendo sus posibilidades individuales de movimiento.

- Favorecer la coordinación óculomanual y la capacidad para realizar más de un movimiento a la vez.

Recursos materiales

Bastones

Gises

Pelotas

Aros

Resortes

Botes

Espacio amplio

Un cronómetro

Metodología

1. Se establecen cuatro estaciones a lo largo del espacio.

2. En la primera estación se colocan botes alineados a cierta distancia para que puedan pasar en zig zag entre ellos; en la segunda, aros acomodados uno detrás de otro y alineados; en la tercera, tres resortes a unos 15 centímetros del piso, sostenidos por postes, y en la cuarta, una línea pintada en el piso.

3. Se establece el orden de las estaciones por las que deben pasar.

4. Se marca la línea de salida en un extremo del espacio.

5. Cada alumno lleva en la mano un bastón y una pelota, y se forman en hilera.

6. A la orden de salida el alumno llega a la primera estación conduciendo la pelota con el bastón y la pasa en zig zag entre los botes. Después se traslada a la segunda estación, donde salta de un aro a otro siempre llevando la pelota con el bastón. En la tercera debe saltar los resortes llevando también la pelota con el bastón. En la cuarta, se desplaza en cuatro puntos por la línea marcada sin perder la pelota.

7. El tiempo se toma en cuanto sale de la línea de meta y se detiene en el momento en que regrese de nuevo a la línea de salida.

8. No debe perder de vista la pelota; si lo hace, tendrá que ir por ella con el bastón y perderá tiempo. También se le indica que debe hacerlo en el menor tiempo posible pero con cuidado de no perder la pelota.

9. Gana el participante que haya hecho el menor tiempo posible.

Variantes

- **Discapacidad visual:** en este caso, deben tener un guía que les indique hacia dónde caminar y qué tienen que realizar, utilizando únicamente la voz y después de reconocer el terreno.

- **Discapacidad motora:** se puede simplificar la actividad omitiendo el uso del bastón y la pelota. Los resortes se colocan un poco más altos para que pasen por debajo de ellos, o un poco más bajos para que los salten sin dificultad. La caminata en cuatro puntos puede sustituirse por gateo.

En general, si la actividad es muy pesada para algunos niños con necesidades severas, pueden omitir el bastón y guiar la pelota con el pie o realizarlo sin ella. Otra opción es utilizar la pelota del tamaño adecuado para el niño que la utiliza, es decir, más grande o más pequeña según sus posibilidades.

Evaluación

Considere los siguientes criterios:

- Percepción
- Transformación
- Orientación
- Continuidad

- Coordinación
- Velocidad
- Desarrollo corporal personal

Título: El camino a casa

Propósitos

- Desarrollar la ubicación espacial al trazar el camino a su casa.
- Colaborar en equipo para trazar un camino.

Recursos materiales

Espacio amplio donde se pueda pintar el piso con gis; puede ser el patio de la escuela

Gises de colores

Metodología

1. Se organiza al grupo en equipos de cinco alumnos.

2. Se explica que el juego consiste en elegir la casa de un miembro del equipo, y después trazar sobre el piso el plano del camino que los llevará hasta ella.

3. El maestro distribuye a los equipos en el espacio y les permite que tomen los gises que deseen para trazar el camino.

4. Se dan de 15 a 30 minutos para que lo hagan.

5. Se reúnen todos los alumnos en el centro del patio, e inician el recorrido en grupo por el espacio correspondiente a cada equipo.

6. Al llegar al espacio de un equipo, los que trazaron ese camino lo explican, y así sucesivamente hasta recorrer todos los caminos.

7. Gana el equipo que, en opinión de ellos y por votación, ha ya realizado el camino más fácil para llegar a la casa del compañero.

8. El juego concluye comentando sobre el uso de los croquis, planos y mapas para encontrar un lugar.

Variantes

- **Discapacidad visual:** el alumno explica la ubicación de su casa moviéndose en la dirección necesaria, y si su casa es elegida, los compañeros trazan el camino con gis sobre el piso mientras él camina.

- **Discapacidad auditiva:** se explica el juego utilizando lenguaje total. Para la explicación del camino el alumno participa con movimientos y señas.

- **Discapacidad intelectual:** el maestro ejemplifica con el grupo la ubicación de varios lugares conocidos por los alumnos; trazan el camino con gis en el piso antes de que trabajen por equipos. También puede ayudarse a los niños durante el momento del trabajo en equipo, con orientaciones espaciales.

Evaluación

Considere los siguientes criterios:

- Transformación
- Recreación
- Representación
- Orientación

Título: Dime dónde está

Propósito

- Ubicar objetos en un espacio determinado e identificarlos.

Recursos materiales

Diferentes objetos:

Juguetes

Utensilios de cocina

Artículos escolares

Metodología

1. Se organiza al grupo en dos equipos.

2. Se explica a los niños que el juego consiste en adivinar el lugar en el que se encuentra determinado objeto, según las indicaciones verbales de sus compañeros.

3. Un equipo acomoda el objeto correspondiente en un lugar del salón escogido por ellos, sin que el otro equipo vea dónde (pueden salir del salón para que no se enteren).

4. Regresa el equipo al salón, eligen a un compañero para adivinar y éste intenta encontrar el objeto al que se refieren por medio de las indicaciones verbales. Las indicaciones pueden ser: arriba, abajo, atrás, etcétera.

5. Gana un punto el que logre encontrar el objeto y explique dónde lo encontró.

6. Después toca el turno al otro equipo de acomodar el objeto, y así sucesivamente.

7. Gana el equipo que obtenga más puntos.

8. El juego concluye comentando sobre la importancia de ubicarnos espacialmente.

Variantes

- **Discapacidad visual:** antes de iniciar el juego se exploran los objetos y el espacio.

- **Discapacidad auditiva:** se utilizan señales con las manos para indicar hacia dónde deben dirigirse para localizar el objeto. También pueden utilizarse carteles con las indicaciones por escrito.

- **Discapacidad motora:** de ser necesario, otro alumno lo acompaña para realizar la búsqueda y el desplazamiento. También puede realizarse todo el juego por parejas.

- **Discapacidad intelectual:** de ser necesario, se ayuda señalando o acompañando el movimiento y el desplazamiento hacia la dirección indicada para localizar el objeto.

Evaluación

Considere los siguientes criterios:

- Percepción
- Transformación
- Recreación
- Orientación

Título: Escondidas

Propósitos

- Desarrollar la ubicación espacial.
- Realizar desplazamientos en un espacio determinado.

Recursos materiales

Espacio amplio con lugares para esconderse, como árboles, esquinas, algunos muebles, etcétera.

Metodología

1. Se explica al grupo que jugarán a las escondidas. Un alumno se cubre los ojos, cuenta hasta diez (si el espacio es muy amplio, hasta un número mayor), mientras sus compañeros corren a esconderse. Él los busca y el primero que encuentre será quien se cubra los ojos la siguiente vez.

2. Se explica al grupo cuál es el espacio dentro del cual pueden jugar, especificando los límites, por ejemplo: hasta la línea roja o hasta la cancha de básquetbol.

3. Se elige al niño que se cubrirá los ojos e inicia contando hasta diez.

4. Los demás alumnos corren a esconderse.

5. El alumno empieza a buscarlos; cuando localiza a un compa-
    ñero dice: "Un, dos, tres, por...", y menciona su nombre.

6. Cuando se haya encontrado a todos los alumnos, el niño que
    se cubrió los ojos debe describir en qué lugar encontró al pri-
    mero.

7. Gana el alumno que fue encontrado al último.

8. Ahora se queda a contar el alumno que haya sido encontrado
    primero.

9. Y así sucesivamente.

10. El juego concluye comentando la importancia de ubicar los lu-
    gares que existen en un espacio determinado y de podernos
    mover libremente por ese espacio respetando los límites.

Variantes

- **Discapacidad visual:** el juego se realiza por parejas, tomados
  de las manos. Puede darse más tiempo para esconderse.

- **Discapacidad auditiva:** se utiliza una señal visual para indicar
  el momento de iniciar el conteo. Cuando se encuentre a este
  alumno se le toca el hombro para que sepa que ya se le encontró. Él hace lo mismo con sus compañeros cuando le toque
  buscarlos.

- **Discapacidad motora:** el juego se realiza por parejas. Se da
  más tiempo de conteo para esconderse. El lugar del juego debe
  permitir que el alumno se esconda aun si usa silla de ruedas.

Evaluación

Considere los siguientes criterios:

- Percepción
- Transformación
- Orientación

5

JUEGOS PARA DESARROLLAR LA INTELIGENCIA LINGÜÍSTICA

Título: El recado

Propósito

- Establecer comunicación con sus compañeros de manera escrita utilizando el recado.

Recursos materiales

Hojas de tamaño media carta

Lápices

Plantilla con renglones

Nombres de compañeros en tarjetas

Metodología

1. Se forman equipos de tres alumnos, numerados del uno al tres.

2. Se dan los mensajes a los alumnos con número uno sin que escuchen los demás, y así sucesivamente.

3. Se explica que el alumno uno escribirá un recado para avisar a su compañero dos el motivo por el cual no podrá ir a jugar esta tarde con sus compañeros.

4. El número dos lo lee y le explica a su compañero número tres el motivo.

5. Si el tres entiende el mensaje que intentó comunicar el uno, se otorga un punto a quien elaboró el recado.

6. Para revisar el mensaje enviado a través del recado se sugiere incluir la siguiente información:

   - A quién está dirigido
   - Quién lo envía
   - Fecha del recado
   - Contenido del recado

7. Después, el dos elabora otro recado, explicando por qué saldrá temprano de la escuela; se lo entrega al tres, éste lo lee y lo explica al dos. De igual manera, se otorga un punto si se comprendió el mensaje y tiene todos los datos del recado.

8. El tres elabora un recado, explicando por qué no irá mañana al paseo del grupo. Se lo entrega al uno y éste lo explica al dos. Se otorga un punto si tiene los requisitos del recado y se entendió el mensaje.

9. Ganan los equipos que hayan logrado los tres puntos.

Variantes

- **Discapacidad visual:** se utiliza plantilla con renglones; cuando le entreguen a este alumno el recado, se hace por escrito y se lee en voz baja para que sólo él escuche.

- **Discapacidad auditiva:** se ejemplifica con un recado para que el alumno comprenda lo que tiene que hacer. Al expresar éste el recado utiliza lenguaje total y su compañero intenta comprender el significado de su mensaje, aunque no sea de forma exacta.

- **Discapacidad motora:** se elabora el recado en la manera que le sea posible (oral o escrito).

- **Discapacidad intelectual:** se utilizan dibujos para explicar el recado si el alumno no puede leer y escribir. También es posible que copie el nombre del compañero a quien está dirigido el recado y anote su propio nombre. El profesor o un alumno pueden decirle la fecha.

Evaluación

Considere los siguientes criterios:

- Significación
- Orden
- Función pragmática
- Poder mnemotécnico
- Función explicativa

Título: La tarjeta de amor

Propósitos

- Desarrollar el lenguaje oral y escrito a través de la elaboración de una tarjeta de amor.

- Lograr comunicar pensamientos y sentimientos hacia los seres queridos.

Recursos materiales

Cartulinas cortadas de diferentes tamaños

Papel de varios tipos y colores

Tijeras

Pegamento

Lápices

Metodología

1. Se habla con el grupo de las personas a quienes queremos y quienes nos quieren, entre ellas: papá, mamá, hermanos, otros parientes, amigos, etcétera.

2. Cada alumno elige a una de esas personas.

3. En equipos de cinco alumnos, cada uno expresa oralmente lo que le gustaría decir a la persona que eligió.

4. Se les pide que, de manera individual, expresen esas ideas por escrito en una tarjeta de amor y elaboren un diseño para adornarla.

5. El material puede colocarse en el centro del salón y los alumnos forman un círculo alrededor del mismo.

6. Pueden utilizar libremente el material que deseen.

7. Al terminar la elaboración de la tarjeta, algunos alumnos comentan lo que escribieron en la suya.

8. El juego concluye expresando lo importante que es comunicar lo que pensamos y sentimos a nuestros seres queridos.

Variantes

*   **Discapacidad visual:** se utiliza una plantilla con renglones del tamaño de la cartulina elegida para la tarjeta.

*   **Discapacidad auditiva:** se explica el ejercicio con lenguaje corporal y se permite que observe el trabajo de otros compañeros para que comprenda y logre elaborar el suyo.

*   **Discapacidad intelectual:** puede hacerse el diseño de la tarjeta para que el alumno escriba algunas palabras sencillas en el texto. También puede emplear escritura no convencional.

Evaluación

Considere los siguientes criterios:

- Significación
- Orden
- Ritmo
- Función pragmática
- Poder mnemotécnico

Título: La carta

Propósitos

- Desarrollar el lenguaje escrito por medio de la carta.
- Mejorar la capacidad para expresar ideas por escrito.

Recursos materiales

Hojas blancas

Lápices

Lista con los nombres de alumnos de otro grupo y/o escuela

Temas en carteles

Plantillas con renglones

Metodología

1. Se explica al grupo que el juego consiste en escribir una carta muy larga, lo más larga que puedan, para un compañero del otro grupo.

2. Se comenta en grupo lo que les gustaría contar a otros compañeros en una carta.

3. Algunos temas pueden ser:

- Cómo es mi escuela y lo que más me gusta de ella
- Los mejores lugares de mi ciudad, de mi pueblo, de los alrededores
- Mis juegos preferidos

4. Se elige de la lista el nombre del alumno al que cada niño dirigirá su carta.

5. Los alumnos escriben la carta.

6. Se intercambian las cartas por parejas para revisar si contiene los siguientes datos:

   - Destinatario
   - Fecha
   - Saludo
   - Contenido de la carta
   - Remitente

7. Con las opiniones de la pareja, los alumnos completan los datos de la carta que sean necesarios.

8. Ganan las cartas más largas.

9. Se envían las cartas a los destinatarios.

10. Se pide al otro grupo que conteste las cartas.

Variantes

- **Discapacidad visual:** se utiliza una plantilla con renglones.
- **Discapacidad auditiva:** se explica el ejercicio usando lenguaje total y se ejemplifica el desarrollo del mismo. En el paso tres, se presentan los posibles temas escritos en carteles.
- **Discapacidad motora:** se utiliza el tipo de letra que le sea más fácil escribir. Si lo requiere puede emplear cualquier instrumento para escribir.

- **Discapacidad intelectual:** se usan en la carta dibujos y escritura no convencionales o convencionales. El maestro puede anotar el nombre del destinatario para que el alumno se apoye en él y lo escriba.

Evaluación

Considere los siguientes criterios:

- Significación
- Orden
- Función pragmática
- Poder mnemotécnico
- Función explicativa

Título: Cuenta tu anécdota

Propósitos

- Desarrollar la capacidad para la expresión oral y escrita a través de la anécdota.
- Utilizar la memoria a largo plazo.

Recursos materiales

Hojas

Lápices

Plantilla con renglones

Metodología

1. Se explica que el juego consiste en platicar y escribir la anécdota más graciosa que les ha ocurrido.

2. Los alumnos piensan unos momentos; cada uno elige la anécdota más graciosa que ha vivido y la escribe.

3. En equipos de cinco comentan su anécdota.

4. Por equipo eligen la más graciosa.

5. En grupo relatan la anécdota elegida en cada equipo.

6. El juego concluye comentando la importancia de disfrutar los momentos agradables de la vida y poder platicar con nuestros compañeros esas vivencias.

Variantes

- **Discapacidad visual:** se utiliza la plantilla con renglones para escribir.

- **Discapacidad auditiva:** se utiliza lenguaje total para comunicarse y se ejemplifica la actividad.

- **Discapacidad intelectual:** se puede contar la anécdota de manera oral.

Evaluación

Considere los siguientes aspectos:

- Significación
- Orden
- Ritmo

- Función pragmática
- Retórica
- Poder mnemotécnico

Título: Las vacaciones

Propósitos

- Desarrollar el lenguaje escrito a través de la elaboración de un álbum de las vacaciones.

- Mejorar la comunicación de vivencias personales.

Recursos materiales

Hojas

Lápices

Colores

Metodología

1. Se explica que el juego consiste en hablar y escribir sobre lo mejor de las vacaciones.

2. Cada alumno piensa unos momentos en las actividades realizadas durante las vacaciones.

3. Cada uno elige lo mejor de sus vacaciones.

4. En equipos de cinco, comentan lo mejor de sus vacaciones.

5. De manera individual cada uno escribe un texto con el título: "Lo mejor de mis vacaciones".

6. Después elaboran un dibujo relacionado con el texto.

7. Entregan los textos y los dibujos y conforman con éstos un álbum titulado: "Las vacaciones".

8. En grupo leen algunos textos.

9. Pueden solicitar el álbum para leer libremente los textos del grupo.

10. El juego concluye comentando la importancia de escribir nuestras vivencias y poder compartirlas mediante el álbum del grupo.

Variantes

• **Discapacidad visual:** se utilizan plantillas con renglones.

• **Discapacidad auditiva:** se anota en un cartel la idea sobre la que se elabora el texto. Se utiliza el lenguaje corporal para comunicarse.

- **Discapacidad intelectual:** se elaboran textos sencillos con escritura convencional o no convencional.

Evaluación

Considere los siguientes criterios:

- Significación
- Orden
- Función pragmática
- Poder mnemotécnico
- Función explicativa

Título: Un millón de cuentos

Propósito

- Desarrollar la capacidad para crear cuentos a partir de tarjetas.

Recursos materiales

Juego de tarjetas con dibujos de un cuento, con cuatro opciones diferentes por escena, y con un breve texto en la parte posterior de cada dibujo

Metodología

1. Se organiza al grupo en equipos de cinco integrantes.
2. A cada equipo se le entrega un juego de tarjetas.
3. En el centro del equipo se acomodan las tarjetas poniendo en la misma hilera las opciones de cada escena posible de escoger. (Las tarjetas pueden estar numeradas, habrá cuatro con el número uno, cuatro con el dos, y así sucesivamente. Cada número corresponde a una posible escena.)
4. Se explica que el juego consiste en crear su propio cuento. Se elige una tarjeta de cada número, se lee su texto y así van creando su cuento.

5. Después pueden proponer otras opciones de dibujos y textos para ampliar las posibilidades de los cuentos.

6. En equipo eligen las que les parecen mejores. Elaboran dibujos y escriben los textos para agregarlos al juego de tarjetas.

7. El juego concluye comentando la posibilidad que todos tenemos de crear cuentos e inventar historias.

Variantes

• **Discapacidad visual:** en el paso cuatro se pide al alumno que elija una tarjeta de cada fila; después otro lee el cuento que se va creando. También un compañero puede describir los dibujos y leer los textos de las opciones de tarjeta, para que él elija la que más le agrade. En el paso siete se participa en la elección de las ideas para las nuevas tarjetas.

- **Discapacidad auditiva:** en el paso cuatro se ejemplifica eligiendo las tarjetas para formar el cuento. En el cinco se utiliza lenguaje corporal para contar el cuento elegido.

- **Discapacidad motora:** en el paso cuatro señala las tarjetas elegidas. En el siete participa en la elección de las ideas.

- **Discapacidad intelectual:** en el paso cuatro puede elegir el dibujo e ir contando el cuento de acuerdo con lo que él crea que dice el texto.

    Se recomienda utilizar un cuento con cinco escenas y dos opciones por escena.

Evaluación

Considere los siguientes criterios:

- Significación
- Orden
- Ritmo
- Función pragmática
- Retórica
- Función mnemotécnica

Título: Cuentos "a la limón"

Propósitos

- Colaborar en la producción de un cuento junto con su grupo.
- Expresar sus ideas y hacer propuestas que relacionen varias ideas.

Recursos materiales

Pliegos de papel bond

Plumones de colores

Cinta adhesiva

Metodología

1. Los pliegos de papel bond se colocan pegados con cinta adhesiva sobre la pared.

2. Se explica al grupo que el juego consiste en inventar un cuento entre todos; un alumno empieza con una idea, otro continúa y así sucesivamente, hasta que todos contribuyan a crear el cuento.

3. Se solicitan al grupo ideas sobre las que les gustaría escribir el cuento, y entre todos eligen una.

4. Un alumno empieza a escribir su idea sobre el cuento en el papel.

5. Otro continúa el cuento escribiendo ahora su propia idea; y así sucesivamente.

6. El texto se escribe en las hojas de papel bond, con plumones de diferentes colores, uno para cada alumno.

7. Se recuerda al grupo que se cuenta un cuento entre todos, a la limón, por lo que las ideas que escriban deben tener relación con todo el texto.

8. Si el grupo es muy numeroso el juego puede realizarse por equipos.

9. Al final se lee todo el cuento.

10. El juego concluye comentando cómo todos podemos aportar algo para hacer una creación.

Variantes

- **Discapacidad visual:** en el paso cinco participa diciendo la idea para continuar el texto y para escribirla utiliza la plantilla con renglón adecuada al tamaño de letra que se requiera en el papel bond.

- **Discapacidad auditiva:** en los pasos cinco y seis participa escribiendo su idea para continuar el cuento.

- **Discapacidad intelectual:** en el paso cinco expresa la idea y si no logra convencionalidad de la lengua escrita, recibe apoyo del maestro o de otro compañero para escribir el texto. También puede realizar un dibujo junto a la idea que propuso para continuar el texto.

Evaluación

Considere los siguientes criterios:

- Significación
- Orden
- Ritmo
- Función pragmática
- Poder mnemotécnico

Título: Recetas de cocina

Propósitos

- Desarrollar la capacidad para comunicar mensajes por escrito.
- Colaborar en equipo al preparar un platillo.
- Interpretar instrucciones escritas para elaborar un platillo de comida.

Recursos materiales

Hojas

Lápices

Ingredientes y utensilios para preparar la receta elegida

Espacio con cocina

Metodología

1. En grupo platican sobre su comida favorita.

2. En equipos de tres alumnos eligen un platillo de cocina.

3. Preguntan a sus mamás la receta del platillo elegido.

4. Anotan la receta, incluyendo los ingredientes y el modo de preparación.

5. En el grupo se comentan algunas de las recetas.

6. Se elige una receta en grupo y se prepara con la participación de los alumnos.

7. Anotan la receta conforme la preparan.

8. Intercambian las recetas sobre el platillo preparado y se hacen sugerencias para que se entienda mejor.

9. El juego concluye comentando la importancia de anotar de manera clara y precisa nuestro mensaje.

Variantes

- **Discapacidad visual:** en el paso cuatro se utiliza la plantilla con renglones o escritura en Braille. En el seis se participa mezclando ingredientes.

- **Discapacidad auditiva:** en los pasos tres y cuatro, hace los movimientos corporales necesarios para ejemplificar la forma de preparar el platillo elegido.

- **Discapacidad motora:** en el paso seis participa en la elaboración de la receta realizando las actividades que pueda, por ejemplo: picar, mezclar, batir, etcétera.

- **Discapacidad intelectual:** se guía a los alumnos para elegir recetas sencillas. Pueden participar en la elaboración de partes de la receta.

Evaluación

Considere los siguientes criterios:

- Significación
- Orden
- Función pragmática
- Poder mnemotécnico
- Función explicativa

Título: El periódico

Propósitos

- Estructurar un periódico a partir de otros.
- Desarrollar la habilidad para seleccionar información.
- Mejorar la coordinación motriz fina.

Recursos materiales

Periódicos

Hojas

Tijeras

Pegamento

Metodología

1. Se explica a los alumnos que el juego consiste en conformar un periódico a partir de otros periódicos ya publicados.
2. Se organiza al grupo en equipos de cinco alumnos y se entrega el material.
3. Revisan el contenido de los periódicos que les entregaron.
4. Cada equipo elige las secciones y las noticias que contendrá su periódico.

5. Recortan y arman su periódico.

6. Después intercambian los periódicos conformados con otros equipos para que puedan leerlos.

7. Los periódicos se acomodan en un lugar del salón para que los alumnos que lo deseen puedan leerlos.

8. El juego concluye comentando la utilidad del periódico.

Variantes

- **Discapacidad visual:** en el paso tres escucha la lectura de los encabezados de las noticias por parte de sus compañeros. En el cinco se apoya en sus compañeros para que doblen las orillas de las noticias elegidas y le entreguen a él algunas dobladas para guiarse y recortarlas.

- **Discapacidad auditiva:** en el paso uno el juego se ejemplifica. Utiliza la lectura para elegir las notas periodísticas.

- **Discapacidad motora:** en el paso cinco se acepta cualquier tipo de recortado y de pegado.

- **Discapacidad intelectual:** se da opción de elegir cualquier noticia, dibujo, gráfica, etc. que le interese o le guste.

Evaluación

Considere los siguientes criterios:

- Significación
- Orden
- Función pragmática
- Poder mnemotécnico
- Función explicativa

Título: Revistas

Propósitos

- Comprender diferentes tipos de información contenida en revistas.

- Seleccionar información interesante para el alumno.

- Estructurar una nueva revista a partir de revistas ya publicadas.

Recursos materiales

Revistas

Tijeras

Pegamento

Hojas

Cartulinas

Plumones

Colores

Metodología

1. Se organiza al grupo en equipos de cinco integrantes.

2. Se entrega el material a cada equipo.

3. Se explica que el juego consiste en elegir de las revistas proporcionadas los artículos, reportajes, entrevistas y fotografías que les interesen, y con ellos estructurar una nueva revista.

4. Los alumnos hojean, seleccionan y recortan el material de las revistas.

5. En equipo acuerdan la estructura y las partes de la nueva revista.

6. Cada alumno propone a su equipo el material elegido.

7. En equipo organizan el material y arman la revista.

8. También pueden, a partir de esas ideas, redactar un artículo o realizar alguna entrevista e incluirla en la revista.

9. Los equipos intercambian las nuevas revistas.

10. Se concluye comentando la importancia de expresar las ideas por escrito para que otras personas puedan conocerlas.

Variantes

- **Discapacidad visual:** en el paso cuatro recibe apoyo de sus compañeros describiéndole brevemente las imágenes y leyéndole los encabezados de los artículos de la revista.

- **Discapacidad auditiva:** en el paso tres se ejemplifica el juego. En el cinco utiliza comunicación total.

- **Discapacidad motora:** Recorta y arma las imágenes y los textos como le sea posible.

- **Discapacidad intelectual:** En el paso cuatro puede elegir el artículo guiándose por las imágenes.

Evaluación

Considere los siguientes criterios:

- Significación
- Orden
- Función pragmática
- Poder mnemotécnico
- Función explicativa

Título: El cartel

Propósitos

- Expresar ideas por escrito.

- Desarrollar su capacidad para comunicar mensajes escritos a través del uso del cartel.

- Favorecer el trabajo en equipo.

- Producir ideas para realizar una campaña publicitaria.

Recursos materiales

Cartulinas

Plumones

Hojas

Lápices

Fuentes de información

Metodología

1. En grupo se comentan temas sobre los que les gustaría comunicar algunas ideas a otros grupos.

2. Se elige un tema de los anteriores para hacer una campaña publicitaria utilizando carteles.

3. Los alumnos elaboran una lista con la información que necesitan saber sobre el tema y la forma en que pueden obtenerla.

4. Se recaba la información necesaria.

5. En equipos de tres escriben las ideas que quieren compartir con otros compañeros.

6. Se diseñan los textos que escribirán en los carteles para realizar la campaña publicitaria.

7. Los alumnos escriben los textos en los carteles.

8. Se efectúa la campaña publicitaria con los carteles.

9. En grupo se comentan los resultados de la campaña.

10. Se concluyen estas actividades valorando el uso de los carteles como una forma de comunicación escrita para dar a conocer mensajes.

Variantes

- **Discapacidad visual:** en los pasos tres y cinco participa de manera oral. En el siete utiliza una plantilla con renglones del tamaño de las letras de los carteles.

- **Discapacidad auditiva:** en el paso uno se utiliza lenguaje corporal al ir comentando los temas. En los pasos dos y tres se escriben en el pizarrón las ideas que exprese el grupo. En el paso seis, escribe y dibuja las propuestas de diseño para los carteles.

- **Discapacidad motora:** en el paso siete se utiliza el tipo y el tamaño de letra que él pueda trazar y el tipo de instrumento que requiera para realizar sus textos.

- **Discapacidad intelectual:** en el paso cinco se ponen de acuerdo sobre ideas básicas y sencillas. En el seis puede anotar una palabra y hacer un dibujo en el cartel.

Evaluación

Considere los siguientes criterios:

- Significación
- Orden
- Ritmo
- Función pragmática
- Retórica
- Poder mnemotécnico
- Reflexión

Título: Produce tu texto

Propósito

- Desarrollar la capacidad para producir textos con ideas propias.

Recursos materiales

Hojas de papel de diferentes tipos o material con variadas formas

Lápices

Lapiceros

Colores

Crayolas

Plumones

Metodología

1. El material se coloca en el centro del salón y los alumnos en círculo alrededor del mismo.

2. Se explica al grupo que el juego consiste en escribir una idea original sobre cualquier tema, lo más rara y chistosa posible, utilizando el material que cada uno quiera.

3. Cada alumno elige el material con el cual desea trabajar y anota su idea.

4. Se forman equipos de cinco alumnos.

5. En equipo, cada alumno lee a sus compañeros su idea y los demás le comentan todos los pensamientos que tengan sobre ella.

6. Cada alumno escribe un texto sobre su idea original, agregando las aportaciones de sus compañeros que le parezcan adecuadas.

7. En equipo se leen los textos y se elige el más original.

8. Ganan los alumnos que hayan escrito los textos más originales de cada equipo.

9. Los textos se colocan en una pared del salón.

10. Se invita a los alumnos a leer los textos de sus compañeros. La invitación puede hacerse extensiva a otros grupos.

Variantes

- **Discapacidad visual:** previo al juego el alumno explora con sus manos la variedad de materiales y elige el que utilizará. Emplea plantillas con renglones.

  En el paso ocho comparte el texto diciendo las ideas principales de lo que escribió.

- **Discapacidad auditiva:** se explica el juego utilizando comunicación total. En el paso seis muestra su texto y explica los pensamientos con movimientos corporales. En el ocho intercambian en equipo los textos para que puedan conocerlos.

- **Discapacidad motora:** se utilizan las herramientas necesarias para escribir sus ideas.

- **Discapacidad intelectual:** el texto puede ser sencillo y, dependiendo del nivel de los alumnos, la escritura será convencional o no convencional.

  En el paso siete puede elaborar también un dibujo sobre ese texto.

Evaluación

Considere los siguientes criterios:

- Significación
- Orden
- Ritmo
- Función pragmática
- Retórica
- Poder mnemotécnico

Título: Lotería

Propósitos

- Mejorar la habilidad para interpretar mensajes escritos.
- Identificar dibujos de acuerdo con el nombre y sus características.

Recursos materiales

Tarjetas de lotería con dibujos y letras

Tarjetas con dibujos individuales y letreros

Tarjetas sólo con letreros

Fichas

Metodología

1. Se entrega a cada alumno una tarjeta de lotería con varios dibujos y textos, así como fichas, una para cada dibujo.

2. El grupo elige a un alumno del grupo para que vaya diciendo los dibujos o textos de las cartas de la lotería.

3. Las opciones para anunciar las cartas pueden ser:

    - Decir el nombre del dibujo
    - Leer el letrero de la carta
    - Describir el dibujo
    - Decir algunas características del dibujo, por ejemplo: en dónde se encuentra, en dónde se usa, etcétera

4. Se explica que el juego consiste en poner una ficha en el dibujo anunciado por el compañero.

5. Se asigna la opción elegida al alumno que anunciará las cartas.

6. Se inicia el juego, nombrando las cartas y colocando las fichas donde corresponda en las tarjetas grandes.

7. Gana el alumno que haya llenado primero su tarjeta con fichas.

Variantes

- **Discapacidad visual:** se utilizan cartas con dibujos con pocas líneas en relieve. Exploran con el tacto los dibujos de su tarjeta y los identifican.

- **Discapacidad auditiva:** se explica el juego ejemplificándolo. Para anunciar el dibujo utilizan la expresión corporal y muestran a sus compañeros la carta.

- **Discapacidad intelectual:** se utilizan dibujos con textos breves y sencillos.

Evaluación

Considere los siguientes criterios:

- Significación
- Orden
- Función pragmática
- Poder mnemotécnico

Título: Títeres

Propósito

- Desarrollar la capacidad para inventar historias y representarlas utilizando títeres.

Recursos materiales

Calcetas y calcetines

Botones

Papel

Telas

Estambre

Hojas

Lápices

Muebles del salón

Telas para armar un teatro para títeres

Metodología

1. Cada alumno elabora un títere con una calceta o un calcetín. Usa el material proporcionado para formar la cara.

2. Cada alumno elige el nombre para su títere.

3. Se organiza al grupo en equipos de cinco alumnos, para que entre ellos inventen una historia que representarán con los títeres.

4. En equipo, escriben las ideas principales del desarrollo de la historia.

5. También pueden escribir los diálogos de la historia.

6. Los equipos representan cada historia ante el grupo con los títeres utilizando un teatro armado con los muebles del salón y unas telas.

7. Al finalizar se comenta en grupo la experiencia vivida desde la elaboración de los títeres y el inventar la historia hasta la presentación con sus compañeros.

Variantes

- **Discapacidad visual:** se explora el material para elaborar el títere con las manos. En el paso tres expresa oralmente sus opiniones para inventar la historia. Para escribir utiliza una plantilla con renglones.

- **Discapacidad auditiva:** en el paso dos escribe el nombre de su títere.
  En el paso seis representa su parte de la obra utilizando movimientos con el títere y presentando carteles con el diálogo correspondiente a cada momento de su participación.

- **Discapacidad motora:** en los pasos cuatro y cinco utiliza el tipo de letra e instrumentos que le faciliten escribir. Pueden ser: sujetador de papel, máquina de escribir, etcétera.

- **Discapacidad intelectual:** en los pasos cuatro y cinco utiliza acuerdos verbales en equipo sobre el contenido de la historia. En el paso seis improvisa la obra con los títeres tomando como base los acuerdos verbales.

Evaluación

Considere los siguientes criterios:

- Significación
- Orden
- Ritmo
- Función pragmática
- Poder mnemotécnico

Título: Cambia la letra de la canción

Propósitos

- Componer letras de canciones a partir de canciones ya elaboradas.
- Desarrollar el pensamiento creativo.
- Interpretar melodías con letra diferente.

Recursos materiales

Grabadora

Casete con canciones preferidas por los alumnos y con las mismas melodías sin interpretación vocal

Hojas con la letra de las canciones

Metodología

1. Se forman equipos de cinco integrantes.
2. Se explica que el juego consiste en cambiar algunas partes de la letra de una canción para hacerla más divertida.
3. Se entrega una hoja con la letra de una canción a cada equipo.
4. Los alumnos escuchan la interpretación de la canción en la grabadora.

5. En equipo expresan ideas para cambiar la letra de la canción.

6. Escriben la nueva versión de la canción.

7. Interpretan la nueva versión de la canción con la música instrumental de la grabadora.

8. Gana el equipo que, a consideración del grupo, escribió la letra más divertida.

9. Se concluye el juego comentando la forma de comunicación de nuestras ideas a través de las canciones.

Variantes

- **Discapacidad visual:** en el paso seis se utiliza una plantilla con renglones. Antes del paso siete le ayudan sus compañeros para memorizar una parte de la nueva canción que se interpretará.

- **Discapacidad auditiva:** en el paso cuatro, el alumno lee la letra de la canción y mientras se escucha la música coloca su mano en la bocina de la grabadora para percibir las vibraciones del sonido.

- **Discapacidad motora:** en el paso seis se utiliza el tipo y tamaño de letra que a él le parezcan más fáciles.

- **Discapacidad intelectual:** elige un párrafo de la canción, puede ser el que más se repita, para cambiarle la letra. En el paso seis realiza los cambios a la canción de manera oral.

Evaluación

Considere los siguientes criterios:

- Significación
- Orden
- Ritmo
- Función pragmática
- Retórica
- Poder mnemotécnico

Título: La serpiente

Propósitos

- " Relacionar palabras a partir de su semejanza gráfica.
- Recordar palabras.

Recursos materiales

Cartulinas recortadas en forma de serpientes largas para cada equipo

Plumones

Cinta adhesiva

Metodología

1. Se explica al grupo que el juego consiste en escribir palabras unidas; la sílaba final de una palabra es el principio de la siguiente.

2. Se pide decir una palabra cualquiera, se escribe en una cartulina con forma de serpiente, después deben decir otra palabra que inicie con la última sílaba de la palabra ya escrita, y así sucesivamente. Escribirán todas las palabras que alcancen para formar la serpiente más larga.

3. Se forman equipos de tres alumnos.

4. Se entrega el material a cada equipo.

5. A la señal de inicio todos empiezan a formar su serpiente escribiendo las palabras hasta el momento que vean la señal de alto.

6. Dar de dos a cinco minutos para escribir cada serpiente.

7. Gana el equipo que logre hacer la serpiente más larga y que haya anotado el mayor número de palabras en el tiempo indicado.

8. Se concluye el juego reflexionando en las similitudes y las diferencias de las palabras.

Variantes

- **Discapacidad visual:** en el paso cinco participa oralmente sugiriendo palabras para anotar en la serpiente.

- **Discapacidad auditiva:** en el paso cinco sugiere palabras por escrito. Utiliza una señal visual, como bajar la mano con un pañuelo para iniciar y terminar el tiempo del juego.

- **Discapacidad motora:** en el paso cinco participa oralmente proponiendo palabras para anotar en la serpiente.

- **Discapacidad intelectual:** se proporciona un conjunto de palabras en tarjetas para que él elija de ahí algunas y forme su serpiente. Se dan diez minutos por cada serpiente.

Evaluación

Considere los siguientes criterios:

- Significación
- Orden
- Ritmo
- Poder mnemotécnico
- Reflexión

Título: Tarjetas de hacer y decir

Propósito

- Favorecer la expresión escrita y la comprensión de la lectura.

Recursos materiales

Tarjetas de papel de diferentes colores: azules y rosas

Dos tarjeteros, uno para cada color de tarjetas

Metodología

1. Se organiza al grupo en dos equipos y se les entregan tarjetas de ambos colores.

2. Se indica a los alumnos que en las tarjetas azules van a anotar textos con cosas que se puedan decir y en las rosa textos con cosas que se puedan hacer. Una idea en cada tarjeta.

3. Los alumnos tienen de veinte a treinta minutos para escribir las tarjetas y entregarlas al maestro.

4. Las tarjetas se colocan en los tarjeteros.

5. Cada alumno va sacando una tarjeta, la lee sólo para él, y realiza lo que ahí se indica.

6. Gana un punto el alumno que comprenda el texto y realice lo que ahí dice.

7. Los puntos se cuentan por equipo. Pasa un niño de cada equipo cada vez.

8. Gana el equipo que acumule más puntos.

Variantes

- **Discapacidad visual:** se utiliza una plantilla con renglones para escribir el texto. El mensaje se lee por parejas, uno lo lee y el otro realiza la acción.

- **Discapacidad auditiva:** se explica el juego ejemplificándolo. En los ejercicios de decir, utiliza el lenguaje corporal para comunicarse con sus compañeros.

- **Discapacidad motora:** se trabaja el juego por parejas. Se considera válido cualquier tipo de movimiento que realice y que dé idea de haber comprendido el texto en las tarjetas de hacer.

- **Discapacidad intelectual:** se pide que escriba una palabra por texto o utilice dibujos para representar sus ideas.

Evaluación

Considere los siguientes criterios:

- Significación
- Orden
- Función pragmática
- Poder mnemotécnico
- Función explicativa

Título: Ordena las instrucciones

Propósitos

- Desarrollar la comprensión y transmisión de instrucciones.
- Observar la secuencia lógica en textos instruccionales.

Recursos materiales

Las instrucciones para realizar algo, fragmentadas en pasos

Un juego por equipo

Metodología

1. Se analizan los pasos para armar algún juguete.
2. Se organiza al grupo en equipos de dos o tres integrantes.
3. A cada equipo se le dan las instrucciones para armar el juguete divididas en pasos y de manera desordenada.
4. Se pide que las ordenen de acuerdo con la secuencia lógica que debe tener.
5. Cuando hayan terminado entregan las instrucciones ya ordenadas a un coordinador de cada equipo, quien las leerá mientras un integrante de otro equipo las realiza.

6. Con esto, se verifica si las instrucciones fueron ordenadas correctamente; de no ser así, se cuestiona sobre el problema que se generó.

7. Esto se realiza con cada equipo.

8. Si el orden no fue el correcto se verifica en grupo y se llega a un acuerdo.

Variantes

La complejidad de las instrucciones depende del nivel de los niños. Las instrucciones pueden ser para el armado de un juguete o la realización de una acción como lavarse los dientes, lavarse las manos, comer un dulce, etcétera.

Si los niños no saben leer, la actividad se realiza en grupo o teniendo un niño que sepa leer en cada equipo.

Evaluación

Considere los siguientes criterios:

- Significación
- Orden
- Función pragmática
- Poder mnemotécnico
- Función explicativa

Título: Los camiones llenos de...

Propósitos

- Desarrollar la inteligencia lingüística.
- Conocer las partes de un enunciado: sujeto y predicado.
- Desarrollar el concepto de clasificación y pertenencia.

Recursos materiales

Camiones de plástico

Tarjetas con enunciados

Metodología

1. Se colocan dos camiones al frente, uno que diga: ¿Quién lo hace?, y otro que diga: ¿Qué hace?

2. Cada alumno tiene en sus manos dos enunciados escritos en un pedazo de papel o una tarjeta.

3. Por turnos, leen un enunciado y determinan ¿Quién? y ¿Qué hace? Cortan el enunciado en dos partes.

4. Cada parte es colocada en el camión que corresponda.

5. Se realiza la misma actividad con cada niño. Si alguno no puede realizarlo solo, se pide al grupo que lo ayude.

6. Cuando hayan terminado todos de pasar y entendido la dinámica de que en un enunciado siempre hay una persona que realiza la acción y una acción que es realizada, se cambian las tarjetas de los camiones por *Sujeto* y *Predicado*.

7. Se hace la explicación pertinente.

8. Ahora hacen lo mismo con el segundo enunciado, colocando el sujeto y el predicado en el camión que le corresponde a cada parte.

9. Si surge alguna duda, problema o error por parte de algún niño, se pide al grupo que intervenga.

Variantes

Esta actividad puede realizarse con campos semánticos colocando la palabra generadora en el camión, y proporcionando a los alumnos tarjetas con las demás palabras para clasificarlas en los camiones corres-

pondientes. Se hace lo mismo con sustantivos, verbos, adjetivos califi-
cativos, animales, cosas, oficios, profesiones, etcécera.

Evaluación

Considere los siguientes criterios:

- Significación
- Orden
- Ritmo
- Función pragmática
- Reflexión

Título: El mago

Propósitos

- Desarrollar la capacidad de atención y memoria.
- Reconocer letras o sílabas faltantes en una palabra.
- Coadyuvar al fortalecimiento de la ortografía.

Recursos materiales

Pizarrón

Gis

Borrador

Metodología

1. Se escribe una palabra en el pizarrón.
2. Se pide que la lean u observen.
3. Se cubren los ojos o se inclinan sobre su pupitre.

4. En ese momento, el profesor quita una o dos letras.

5. Se pide que se levanten y observen.

6. El niño que levante la mano pasa al frente a escribir la letra o letras que hagan falta.

7. Se verifica con el grupo si ésa es la letra correcta.

Variantes

Pueden borrarse letras o sílabas. En el siguiente nivel de comprensión, pueden escribir el enunciado y borrar una o varias palabras, para trabajar concordancia.

También es posible utilizar frisos y cambiar el orden de las letras y las palabras.

Evaluación

Considere los siguientes criterios:

- Significación
- Orden
- Poder mnemotécnico
- Reflexión

Título: No lo veo, pero lo siento

Propósitos

- Desarrollar el sentido del tacto.
- Fortalecer la relación imagen-texto.

Recursos materiales

Una bolsa de tela

Diversos objetos

Metodología

1. Se coloca un objeto dentro de la bolsa de tela sin que el grupo vea de qué objeto se trata.

2. Pasa la bolsa por todos los integrantes del grupo para que la sientan, sin verla.

3. Tratan de dibujar el objeto que creen que es.

4. Muestran al grupo el dibujo que hicieron y dicen qué es lo que piensan que es.

5. Pueden discutir formas, tamaños, etc., para saber quién está más cerca de la verdad.

6. Se muestra el objeto al grupo, discuten si se equivocaron y por qué creen que pasó; si acertaron, qué fue lo que los hizo acertar, etcétera.

Variantes

- **Discapacidad visual:** no dibujan el objeto, solamente lo describen y dicen qué creen que sea. Cuando lo hayan discutido, se pasa de nuevo el objeto para que lo sientan sin la tela y se dice el nombre de éste. Intentan reproducirlo en plastilina o algún material flexible.

- **Discapacidad auditiva:** después de corregir el dibujo del objeto, escriben y expresan oralmente el nombre del objeto.

Evaluación

Considere los siguientes criterios:

- Significación
- Función pragmática
- Poder mnemotécnico
- Función explicativa

Título: La pelota mágica

Propósito

- Reconocer la letra y el sonido iniciales de una palabra.

Recursos materiales

Una pelota grande

Tarjetas con las letras del abecedario

Metodología

1. Los integrantes del grupo se colocan en círculo.
2. Cada uno toma una tarjeta con una letra del abecedario y se la pega en el pecho.

3. Se asigna un tiempo determinado para pensar en palabras que comienzan con la letra que les tocó.

4. El coordinador lanza la pelota a un participante y éste tiene que decir una palabra que comience con la letra que le tocó.

5. Si se equivoca se pide al grupo que diga una palabra correcta.

6. Se pasa la pelota a otro jugador para que diga una palabra que comience con la letra que le tocó y así sucesivamente, hasta terminar con todos los integrantes procurando lanzar la pelota a quien no haya participado ya.

7. En la segunda ronda, se lanza la pelota y el participante que se equivoque sale del círculo.

8. Gana quien quede al último dentro del círculo.

Variantes

Puede jugarse únicamente con vocales o con las letras que se estén trabajando en ese momento.

- **Discapacidad visual:** se usan tarjetas con relieve y al inicio del juego cada uno dice en voz alta la letra que le tocó, o el coordinador la dice según vaya tocando el turno a los alumnos. Además, tienen que reconocer el lugar dónde se ubican sus compañeros para poder lanzar la pelota.

Evaluación

Considere los siguientes criterios:

- Significación
- Función pragmática
- Poder mnemotécnico
- Reflexión

6

JUEGOS PARA DESARROLLAR LA INTELIGENCIA LÓGICO-MATEMÁTICA

Título: Organiza objetos

Propósitos

- Desarrollar la habilidad para establecer categorías.
- Utilizar clasificación lógica.

Recursos materiales

Varios objetos pertenecientes a una clase, por ejemplo:

Libros y libretas

Lápices, gomas y sacapuntas

Colores y lapiceros

Metodología

1. Los alumnos forman círculos por equipos de cinco, poniendo objetos en el centro de cada círculo.

2. Se explica que jugarán a ver de cuántas maneras diferentes podemos acomodar los objetos que están en el centro de cada círculo.

3. Cada niño dice a su equipo lo que observa en el centro del círculo: ¿qué son? y ¿cómo son?

4. Por turnos, cada uno pasa al centro del círculo y organiza los objetos como crea que deben ir.

5. Explica a sus compañeros por qué acomodó los objetos de esa manera.

6. Al terminar los turnos, cada equipo elige una forma de organizar los objetos, la que les haya parecido mejor.

7. Cada equipo explica al grupo por qué acomodó los objetos de esa manera.

8. El juego termina con un comentario del maestro sobre la variedad de formas de organizar los objetos y la importancia de mantener organizadas las cosas.

Variantes

- **Discapacidad visual:** en el paso tres, cada uno pasa al centro a tocar los objetos con las manos y el maestro o sus compañeros les dicen el nombre de aquellos que no logren identificar.

- **Discapacidad auditiva:** en el paso tres, el maestro pasa al centro y toma un objeto. Después con gestos les pregunta: "¿qué es?". Se acepta como válido cualquier gesto del alumno que ejemplifique el uso de los objetos o para qué sirven. Los alumnos que tienen lengua escrita pueden escribir el nombre del objeto en un cartel.

Evaluación

Considere los siguientes criterios:

- Razonamiento
- Comparación

- Nivel de concreción
- Problematización

- Clasificación

Título: Inventa problemas

Propósitos

- Desarrollar la habilidad para relacionar datos.
- Inventar situaciones problemáticas a partir de observar dibujos.

Recursos materiales

Carteles con dibujos en los que se aprecien situaciones variadas

Metodología

1. Se forman equipos de tres y se entrega un cartel a cada equipo.

2. Se explica que el juego consiste en inventar problemas a partir del cartel entregado a cada equipo.

3. Los alumnos dicen lo que observan en el dibujo.

4. En equipo comentan todos los problemas a los que creen que se enfrentan las personas retratadas en el cartel.

5. Escriben los problemas inventados.

6. Cada equipo elige un problema, el más creativo e ingenioso.

7. El problema elegido se comparte en grupo.

8. Los problemas más creativos inventados por el grupo se anotan en una cartulina.

9. El juego concluye comentando la importancia de darnos la oportunidad de desarrollar ideas diferentes de lo cotidiano.

Variantes

- **Discapacidad visual:** en el paso tres el maestro o algún compañero describe el dibujo del cartel correspondiente. Los problemas pueden inventarse de manera oral.

- **Discapacidad auditiva:** los pasos tres, cuatro y nueve se expresan usando el lenguaje total.

Evaluación

Considere los siguientes criterios:

- Razonamiento
- Intuición
- Nivel de abstracción
- Problematización
- Comparación

Título: Inventa preguntas

Propósito

- Desarrollar la capacidad para plantear preguntas a partir de la relación lógica de datos involucrados en una situación problemática.

Recursos materiales

Objetos o dibujos de objetos, animales o personas

Hojas de papel

Plumones delgados

Metodología

1. Se explica que el juego consiste en inventar el mayor número de preguntas sobre lo que se les muestra.

2. Se muestran los objetos o los dibujos, uno por uno.

3. Los niños expresan preguntas sobre lo que quisieran conocer.

4. Anotan en hojas las preguntas, contando con cinco minutos por dibujo, hasta tener tres listas de preguntas.

5. Algunos comparten sus preguntas en grupo.

6. Se cuenta cuántas preguntas hizo en total cada alumno.

7. Gana el que formuló más preguntas.

8. El juego concluye comentando la importancia de preguntar lo que queremos saber.

Variantes

- **Discapacidad visual:** en el paso dos, el alumno toca los objetos con las manos. En el cuatro, utiliza plantillas con renglones y toma más tiempo para anotar.

- **Discapacidad auditiva:** se explica con lenguaje total. En el paso tres, se acepta cualquier intento de los alumnos por comunicarse.

Evaluación

Considere los siguientes criterios:

- Razonamiento
- Intuición
- Nivel de abstracción
- Problematización
- Cardinalidad
- Concepto de número

Título: Completa la idea

Propósito

- Desarrollar la habilidad para, a partir de una idea propuesta, enlazar ideas de manera lógica, estableciendo relaciones entre las palabras y los significados.

Recursos materiales

Cartulina

Plumones delgados

Metodología

1. Se organiza al grupo en dos equipos con el mismo número de integrantes, quienes se acomodan en hileras, un niño frente a otro. Un equipo es el A y otro el B.

2. Se explica que el juego consiste en que el primer niño del equipo A inicie diciendo unas palabras que expresen una idea incompleta y el compañero del equipo B que está frente a él, la complete en la manera que quiera, siempre y cuando la idea conformada sea lógica.

3. Si lo logra su equipo gana un punto.

4. El juego continúa hasta que participen todos los niños de los equipos A y B.

5. Después se invierten los papeles: los integrantes del equipo B inician la idea y los del equipo A la completan hasta que todos participen con los dos roles.

6. Gana el equipo que obtiene más puntos.

Variantes

- **Discapacidad auditiva:** la idea se expresa usando lenguaje corporal y/o escrito.

- **Discapacidad intelectual:** el juego se simplifica utilizando una palabra en lugar de una idea. Se obtiene un punto cuando se complementa con otra palabra que tenga cualquier tipo de relación con la primera.

Evaluación

Considere los siguientes criterios:

- Razonamiento
- Nivel de abstracción
- Problematización
- Anticipación
- Seriación transitiva
- Concepto de número

Título: Tienda de abarrotes

Propósitos

Desarrollar la habilidad para clasificar productos utilizando criterios propios, estableciendo semejanzas y diferencias entre los productos.

Utilizar operaciones matemáticas en contextos problemáticos.

Recursos materiales

Artículos para despensa o bien, cajas y empaques vacíos

Los muebles del salón acomodados junto a las paredes del aula

Billetes y monedas de juguete

Opcional: paliacate o trozo de tela

Metodología

1. Se explica a los niños que el juego consiste en organizar una tienda.

2. Se forman equipos de cinco y se distribuyen espacios del salón con muebles para cada equipo.

3. Se reparten los artículos de despensa entre los equipos.

4. Éstos acomodan los artículos de manera que puedan encontrarlos fácilmente cuando se les soliciten.

5. Cada equipo se pone de acuerdo en la forma de clasificar los artículos y lo hace.

6. Eligen a un niño de cada equipo para que explique al grupo el criterio de su clasificación (¿por qué los acomodaron de esa manera?).

7. Se nombra a un niño de cada equipo para que sea el comprador y otro que sea el vendedor.

8. Se entrega una lista con los nombres de los artículos que comprarán.

9. Se asigna un comprador a cada equipo, que no sea de su equipo original.

10. Todos los compradores se ubican en el centro del salón, y a una señal se inician las compras.

11. Gana el comprador y el equipo vendedor que logre completar la lista en menos tiempo.

Variantes

- **Discapacidad visual**: en el paso ocho, se dice en voz alta el nombre de los productos que van a comprar y los muestran para que los toquen; son artículos iguales a los de la lista.

  En el paso nueve, hacen el recorrido caminando junto con el comprador hasta la tienda en la que compran y de regreso al centro del salón. En el paso diez, pueden ayudarlos verbalmente sobre la dirección y el sentido hacia el lugar donde les corresponde comprar.

- **Discapacidad auditiva**: se explica el juego representándolo con ejemplos, es decir, acomodando algunos productos. En el paso nueve, se lleva a los niños hasta la tienda en la que van a comprar o se señala cuál le corresponde a cada uno de los compradores.

  En el paso diez, utilizan para la señal de salida un paliacate en la mano, la cual se baja al iniciar el juego.

- **Discapacidad intelectual**: en el paso ocho, dibujan los productos a adquirir; pueden ser tres artículos.

Puede incrementarse la dificultad del juego anotando los precios de cada producto y utilizando billetes y monedas de juguete para comprar los mismos.

Evaluación

Considere los siguientes criterios:

- Nivel de concreción
- Problematización
- Comparación
- Igualación

- Ordinalidad
- Clasificación
- Concepto de número

Título: Continúa la serie

Propósito

- Desarrollar el pensamiento lógico por medio de la identificación de la secuencia en figuras.

Recursos materiales

Series de muestra completas

Tiras de papel con inicios de series con diferentes grados de dificultad

Figuras sueltas para continuar las series

Metodología

1. Se explica que el juego consiste en descubrir la clave secreta que se encuentra escondida en las series, para así poder continuar la serie.

2. Se forman parejas de niños; a cada pareja se le entrega una tira con una serie iniciada, y las figuras que pueden ir en la misma.

3. Los miembros de cada pareja se ponen de acuerdo respecto al orden en el que deben acomodar sus figuras y las colocan en el orden acordado sobre la tira.

4. Comparten con otra pareja el orden de la serie y explican la razón del acomodo de las figuras.

5. En caso de ser necesario, cambian alguna figura de la serie.

6. Los alumnos comparan la secuencia de la serie elaborada con la de la serie muestra.

7. Cada pareja gana un punto si organiza la serie igual que la serie muestra.

8. Se entregan de una a cinco series por pareja por juego.

9. Gana la pareja que al final del juego tenga más puntos.

Variantes

- **Discapacidad visual:** los dibujos de la serie deben estar en relieve y tener diferentes formas, de manera que el contorno se sienta al tacto. El alumno explora el material correspondiente con las manos. La serie también puede tener orificios pequeños para señalar la distancia a la que debe colocar cada una de las siguientes figuras de la misma.

- **Discapacidad auditiva:** se explica el juego utilizando lenguaje total y se ejemplifica cómo seguir la serie haciendo una frente al grupo.

- **Discapacidad intelectual:** se utilizan series sencillas de dos o tres figuras.

Evaluación

Considere los siguientes criterios:

- Razonamiento
- Ordinalidad

- Nivel de abstracción
- Problematización
- Seriación transitiva
- Seriación recíproca

Título: Encuentra soluciones

Propósito

- Desarrollar la creatividad y el pensamiento divergente.

Recursos materiales

Diversos problemas escritos en tarjetas con dibujos en los que se observe una situación problemática

Metodología

1. Se explica que el juego consiste en encontrar muchas soluciones a un problema. Cualquier tipo de solución se considera válida. Ganan un punto por cada solución.

2. Se forman equipos de tres alumnos y se reparte una tarjeta con un problema a cada equipo.

3. Se asignan de cinco a quince minutos para que los alumnos encuentren soluciones al problema.

4. Los alumnos anotan las soluciones que encuentran.

5. Después leen al grupo las soluciones que encontró su equipo y se asignan los puntos que haya ganado cada equipo.

6. Gana el equipo que obtenga más puntos.

7. El juego concluye reflexionando sobre la importancia de buscar soluciones a todas las situaciones problemáticas que se presenten en la vida.

Variantes

- **Discapacidad visual:** en el paso dos, el problema se explica de manera oral. En el tres, se asigna un tiempo ilimitado y se pide que utilice una plantilla con renglones. En el cinco, puede leerlo algún alumno que no presente esta discapacidad.

- **Discapacidad auditiva:** se explica el juego utilizando lenguaje total y las instrucciones se muestran por escrito.

- **Discapacidad intelectual:** se utilizan problemas sencillos.

Evaluación

Considere los siguientes criterios:

- Razonamiento
- Intuición
- Nivel de abstracción
- Problematización
- Anticipación
- Concepto de número

Título: Operaciones combinadas

Propósitos

- Desarrollar la capacidad de memoria.
- Agilizar los procesos mentales de razonamiento aritmético.

Recursos materiales

Tarjetas bibliográficas

Lápiz

Ábaco, si es necesario

Metodología

1. Se proporcionan cinco tarjetas a cada alumno, en las que escribe su nombre.

2. Se anota en el pizarrón o en una cartulina una operación, ya sea suma y resta (5+2-1=), o bien, suma y multiplicación (4 + 1 x 2 =), o resta y multiplicación (4 - 2 x 3 =). Si los participantes saben dividir puede utilizarse también este proceso, así como combinar dos, tres o las cuatro operaciones dependiendo de las posibilidades del alumno o el nivel del grupo.

3. Se asigna un tiempo para que anoten la operación en su tarjeta.

4. A la orden de "comenzar" tienen que resolver la operación.

5. El que termine primero voltea su tarjeta hacia abajo y levanta la mano.

6. El coordinador registra a los tres primeros que terminen y asigna un tiempo para que acaben los demás.

7. Cuando hayan terminado todos o la mayoría, se les pide que dejen el lápiz y la operación se resuelve con ayuda de todos.

8. Nadie puede tomar el lápiz hasta que se anote la siguiente operación; de lo contrario, es descalificado y pierde puntos o no puede jugar esa ronda.

9. El primero que termina muestra su operación. Si el resultado es el correcto, su tarjeta se queda al frente; si no lo es, se revisa la tarjeta del segundo que levanta la mano. Si la respuesta de éste es correcta se queda su tarjeta al frente; si no lo es, se revisa la del tercero y se hace lo mismo. Si ninguna de las tres es correcta, se examinan las tarjetas de los demás y quienes tengan la respuesta correcta ponen su tarjeta al frente.

10. Se dan dos puntos a los tres primeros en terminar y un punto a los dos siguientes.

11. Gana quien tenga mayor número de tarjetas al frente o haya acumulado más puntos.

Variantes

Es necesario tomar en cuenta el nivel en el que se encuentra el niño. Es posible utilizar otras operaciones más sencillas de suma o resta, es decir, no combinadas, con dos o más sumandos o sustraendos (4 + 1 =; 5 -2 =; 2 + 1 + 1 =; 3 - 1 - 1 =; etcétera).

Evaluación

Considere los siguientes criterios:

- Razonamiento
- Nivel de abstracción
- Problematización

- Comr   :ión
- Igual ón
- Concepto de número

Título: Suma con el dominó

Propósito

- Representación convencional de los números.
- Algoritmo convencional de la suma.

Recursos materiales

Juegos de dominó

Tarjetas

Fichas de colores

Metodología

1. Se organiza al grupo en equipos de cuatro integrantes.

2. A criterio del maestro o maestra, se entrega a cada equipo uno o dos juegos de dominó y a cada integrante cinco tarjetas (pueden ser más o menos) y diez fichas.

3. Las fichas de dominó se colocan en el centro, volteadas hacia abajo.

4. Todos ponen una ficha al centro.

5. Por turnos, cada alumno da la vuelta a una ficha y dicta los números que contiene; esto es, 4 + 1 = si es una ficha 4/1; la línea diagonal se dicta como el signo de más.

6. Todos escriben en su tarjeta, resuelven la operación y de inmediato la voltean hacia abajo colocándola en el centro.

7. Cuando todos hayan terminado verifican si el resultado es correcto sumando el total de puntos del dominó.

8. Si el resultado de la operación del primero que termina es correcto, se lleva las fichas; si no lo es, se verifica el segundo, y así sucesivamente. Si ninguno de los integrantes tiene la respuesta correcta, las fichas se dejan al centro y se pone otra para la siguiente ronda.

9. El juego termina cuando alguien se haya quedado sin fichas o se hayan acabado las tarjetas.

10. Gana el juego quien tenga más fichas.

Variantes

Dependiendo del nivel en que se encuentre el grupo o el alumno, pueden utilizarse sumas, restas o simplemente números. Se voltea la ficha, se cuenta el número de puntos que contiene y se anota en la tarjeta el signo del número.

Gana quien lo haya escrito correctamente.

El dominó se selecciona dependiendo de los números que conozcan los niños y pueden revolverse de uno a tres juegos con los números que se conozcan o se estén trabajando.

Evaluación

Considere los siguientes criterios:

- Nivel de abstracción
- Comparación
- Igualación
- Ordinalidad

- Clasificación
- Seriación transitiva
- Seriación recíproca

Título: Registro del clima

Propósitos

- Desarrollar la noción de tiempo.
- Propiciar la observación y el tratamiento de información para realizar tabulaciones y pictogramas sencillos.

Recursos materiales

Una tabla de registro donde se anote la fecha y el estado del tiempo

Metodología

1. Sobre una cartulina o papel cascarón se traza un cuadro donde se colocan los frisos (imágenes-palabras) del día, el mes y el año en que se hace el registro.

2. Se observa el clima —si está soleado, nublado o lluvioso—, y se elige el friso correspondiente.

3. Los alumnos lo registran en su cuaderno.

4. Al final del mes se hace una tabulación con columnas para cada estado del tiempo y un cuadro por cada día. Se van lle-

nando cuadros de acuerdo con lo que anotaron. La línea con más cuadros llenos indica el predominio del clima y a partir de ella se hace el análisis.

5. La actividad de registro es cotidiana antes de empezar la clase y la tabulación se realiza cada mes.

Variantes

• **Discapacidad visual:** se requiere que el material tenga relieve. El clima puede registrarse con ayuda del sentido del tacto, demostrándoles según la sensación: caliente, frío, lluvioso, etcétera.

Evaluación

Considere los siguientes criterios:

• Intuición   • Nivel de abstracción

- Comparación
- Ordinalidad
- Cardinalidad
- Concepto de número

Título: Haciendo ochos

Propósitos

- Centrar la atención.
- Conectar ambos hemisferios cerebrales.
- Coadyuvar al desarrollo de la inteligencia lógico-matemática.

Recursos materiales

Cartulinas

Plumones

Hojas

Lápices

Metodología

1. Se divide al grupo en dos equipos, con el mismo número de participantes.
2. Se colocan dos cartulinas al frente con el dibujo de un ocho acostado (∞).
3. Se les indica que, con la mano derecha, tienen que seguir la línea del ocho de derecha a izquierda y de arriba hacia abajo, sin despegar el lápiz del dibujo hasta terminar.
4. Hacen lo mismo con la mano izquierda.
5. Por parejas, uno de cada equipo, pasan al frente.

6. En la segunda ronda, tienen que seguir el ocho tres veces seguidas con mayor soltura, sin despegar el lápiz, y alejándose lo menos posible de la línea marcada.

7. Hacen lo mismo con la mano izquierda.

8. Cuando terminan de pasar todos, lo hacen sin guía sobre su hoja, con ambas manos, primero la dominante y después la contraria.

Variantes

- **Discapacidad intelectual:** al principio, probablemente sea necesario guiar la mano del alumno. Es importante indicarle el orden en que tiene que seguir la línea, siempre comenzando del centro del ocho hacia la derecha, hacia arriba y hacia abajo. Es muy posible que les cueste más trabajo con la mano que no utilizan pero si realizan la actividad de manera cotidiana o frecuente, poco a poco lo lograrán.

- **Discapacidad motora:** el tamaño del ocho es muy importante para los niños con problemas motores. En la mayoría de los casos hay que procurar que en un inicio sean grandes y hagan despacio el ejercicio; gradualmente aumentarán la velocidad.

- **Discapacidad visual:** en este caso, se adapta el material. Se requiere utilizar tablas o cartones gruesos para hacer una hendidura en la línea del ocho; así podrán seguirla con un palito o un lápiz sin punta. Poco a poco va disminuyendo la hendidura hasta marcar sólo el punto de inicio, ya que se haya creado la imagen mental de la figura.

Evaluación

Considere los siguientes criterios:

- Razonamiento
- Nivel de concreción
- Concepto de número

Título: Roscas aritméticas

Propósitos

- Desarrollar la inteligencia lógico-matemática.

- Agilizar los procesos de razonamiento en la aplicación de las operaciones básicas.

Recursos materiales

Roscas de papel cascarón

Metodología

1. Las roscas de papel cascarón son círculos con una perforación al centro simulando una rosca. Alrededor del círculo (sobre la rosca) se escriben los números que se están trabajando o se pueden trabajar de acuerdo con las operaciones que se utilizan en el momento. El centro de la rosca puede cambiarse dependiendo de la operación que se requiera trabajar, por ejemplo, el círculo central puede tener 4 + u 8 -.

2. Se organiza al grupo en equipos que no tengan más de cuatro integrantes.

3. A cada equipo se le proporciona una rosca con varios centros y con números u operaciones diferentes.

4. Por turnos, cada niño dicta o dice la operación, por ejemplo: 5 + 1 o 5 + 2, etcétera.

5. El resto del equipo anota el resultado en su cuaderno o en una hoja o tarjeta, sin anotar la operación.

6. Cuando terminan de hacer las operaciones, cambian el centro de la rosca y hacen lo mismo con el siguiente número u operación.

7. Cada vez que anotan una respuesta tienen que socializarla y comprobar si está correcta; de lo contrario deberán verificar o comprobar.

Variantes

La actividad se realiza dependiendo del nivel de conceptualización en que se encuentren los alumnos. Es decir, si a éstos se les dificulta aún efectuar las operaciones de manera abstracta, pueden usar diferentes medios como palitos, ábacos, etc., y también anotar la operación completa en su hoja o tarjeta.

Evaluación

Considere los siguientes criterios:

- Nivel de abstracción
- Comparación
- Igualación
- Cardinalidad
- Ordinalidad
- Concepto de número

Título: Decora el árbol

Propósitos

- Desarrollar la inteligencia lógico-matemática.
- Agilizar la solución de las operaciones básicas.
- Coadyuvar al desarrollo de los procesos de pensamiento.

Recursos materiales

Un árbol grande (de 1 metro de altura) de papel pintado de verde, con espacios en forma de manzana sin pintar para anotar los resultados

Manzanas de papel pintadas de rojo con diferentes operaciones básicas o combinadas

Metodología

1. Se coloca el árbol al frente del salón.

2. Se reparten las manzanas.

3. Se observan los números anotados y las manzanas con las operaciones.

4. Se comenta la relación que existe. Si no la encuentran se dan pistas o se explica que en los espacios de las manzanas que tienen en sus manos están los resultados de sus operaciones, que deben encontrarlos y colocar la manzana donde corresponda.

5. El maestro(a) o coordinador(a) marca un tiempo específico para realizar las operaciones necesarias, ya sea de forma escrita o mental.

6. Al terminar el tiempo señalado, pasan por turnos al frente y colocan su manzana donde consideran está el resultado de su operación.

7. Pueden colocar más de una manzana por resultado si así lo consideran conveniente.

8. Se verifica en grupo si las manzanas fueron colocadas correctamente.

Variantes

- **Discapacidad intelectual:** las operaciones pueden ser sencillas o combinadas, dependiendo del nivel del niño. De igual manera, se considera la pertinencia de colocar el resultado o la operación en los espacios del árbol. También se toman en cuenta los números que se están trabajando más y que utilizan para que los conozcan.

- **Discapacidad visual:** la variante consiste en el material, que se presenta en relieve, y en que los alumnos deben tocar los materiales.

Evaluación

Considere los siguientes criterios:

- Nivel de concreción
- Nivel de abstracción
- Comparación
- Problematización
- Igualación
- Concepto de número

Título: Reparto de dulces

Propósito

- Desarrollar la inteligencia lógico-matemática en las situaciones de reparto como precedentes a la división.

Recursos materiales

Dulces

Bolsas

Metodología

1. Se organiza al grupo en equipos de diferentes números de integrantes, de dos a diez en cada uno.

2. Cuando le llega el turno de repartir, a cada niño se le entrega una bolsa con cantidades diferentes de dulces.

3. Se les indica que deben repartirlos de manera que todos los integrantes de su equipo tengan la misma cantidad de dulces, ni uno más ni uno menos que los demás.

4. Se observa la forma de repartir: si lo hace de uno en uno, si los reparte en "puñitos", si le tocan más o menos dulces a alguien.

5. Se le cuestiona, procurando guiar su trabajo: ¿Por qué a él le tocan más dulces? ¿Por qué el tiene menos? ¿Cómo sabes que todos tienen la misma cantidad de dulces? ¿Te alcanzaron los dulces? ¿Te faltaron? ¿Te sobraron? ¿Cuántos te sobraron?

6. De ser necesario, debe volver a hacer la repartición; de otra manera, se pasa al siguiente alumno, quien realiza las actividades con las mismas indicaciones.

7. Si hay alguna variante en la forma de repartir del primer niño y el segundo, se plantean preguntas comparativas, como: ¿Es más fácil repartirlos así? ¿Por qué? ¿A ti sí te alcanzaron los dulces?

Variantes

Dependiendo de la complejidad que se desee alcanzar, puede realizarse un cuadro de concentración por equipo o al final de la actividad con todo el grupo, donde se anote el número total de dulces, el número de niños, cuántos dulces le tocaron a cada uno y cuántos sobraron.

Evaluación

Considere los siguientes criterios:

- Razonamiento
- Intuición
- Nivel de concreción
- Nivel de abstracción
- Problematización

- Comparación
- Igualación
- Ordinalidad
- Concepto de número

Título: Los bloques numéricos

Propósitos

- Desarrollar la inteligencia lógico-matemática agilizando la resolución de operaciones básicas sencillas o combinadas.

- Fortalecer los procesos de pensamiento abstracto.

Recursos materiales

Bloques de unicel (cubos) con sus caras pintadas de diferentes colores y números

Bloques de unicel con los signos de las operaciones básicas que se estén utilizando

Hojas de papel

Plumones

Cinta adhesiva

Metodología

1. Se organiza al grupo en cuatro equipos de no más de cuatro integrantes.

2. Se proporciona a cada equipo dos bloques con números, dos con signos y un bloque sin números ni signos.

3. Se nombra un coordinador en cada equipo.

4. El coordinador pasa al frente y se coloca con los bloques de otro de los equipos. Al frente de cada equipo se coloca el coordinador de otro.

5. Los coordinadores ponen una operación al equipo con los bloques, por ejemplo: 3 + 2 = y enseguida colocan el bloque en blanco.

6. El equipo realiza la operación en su lugar y anota el resultado en una hoja en blanco que pega en el bloque sin números, de tal forma que completa la operación $3+2=5$.

7. El primer equipo que coloca el resultado gana, pero sólo si éste es correcto; si no lo es, el punto se le da al equipo que termina en segundo lugar si su respuesta es correcta, y así sucesivamente.

8. Gana el equipo que más puntos acumule.

Variantes

Los bloques son muy ligeros y pueden ser del tamaño que el maestro considere que los niños pueden utilizar.

- **Discapacidad motora:** si se trata de parálisis cerebral en alumnos que no pueden escribir, se utilizan números hechos de cartón con contactel para que los adhieran a los bloques.

Evaluación

Considere los siguientes criterios:

- Razonamiento
- Nivel de abstracción
- Comparación
- Igualación
- Concepto de número

Título: Platos y cucharas

Propósito

- Desarrollar la inteligencia lógico-matemática por medio de la comunicación de cantidades con mensajes orales y representaciones no convencionales.

Recursos materiales

Tapas (que servirán como platos)

Palitos (que servirán como cucharas)

Metodología

1. Se reparten a cada niño cierto número de platos (tapas).

2. Se asigna un tiempo para que los observen o cuenten.

3. Se coloca al frente una caja con palitos.

4. Se les indica que tienen que tomar el número de palitos (cucharas) que necesiten, uno por cada plato que tengan.

5. Por turnos, pasan al frente a tomar el número de cucharas que requieran.

6. Colocan una cuchara por cada plato.

7. En el primer intento deben observar que no falte ni sobre ninguna cuchara.

8. Gana el alumno que tenga mayor número de aciertos.

Variantes

Para situaciones de reparto pueden utilizar sopa y proporcionar cierta cantidad de platos y cierta cantidad de sopa a cada niño. Se les pide que coloquen la misma cantidad de sopa en cada plato. Se pregunta si les sobra o les falta, etcétera.

Evaluación

Considere los siguientes criterios:

- Nivel de concreción
- Problematización
- Comparación
- Igualación
- Clasificación
- Concepto de número

Título: ¿Qué número es?

Propósitos

- Lectura y escritura de números.
- Orden de la serie numérica.

Recursos materiales

Tarjetas con números que se estén trabajando

Fichas de colores

Metodología

1. Se divide al grupo en equipos de tres a cinco participantes.

2. Se revuelven las tarjetas.

3. Se pide que en equipo las ordenen de menor a mayor.

4. Se leen los números de las tarjetas ordenadas verificando la serie numérica.

5. Si algún número está fuera de lugar, se hacen preguntas para rectificar y colocarlos en el lugar correcto.

6. Se revuelven de nuevo las tarjetas y se reparten diez a cada alumno.

7. Se proporcionan diez fichas por niño, asignando a cada uno un color diferente.

8. Se sientan en círculo con su paquete de tarjetas al frente y sus fichas.

9. Por turnos, sacan una tarjeta y la muestran a su compañero de la izquierda.

10. Éste lee en voz alta el número.

11. Si es correcta la lectura, el niño que muestra la tarjeta pone una ficha al centro. Si no es correcta, el que lee es quien pone la ficha al centro.

12. Ahora el que lee la tarjeta es quince y muestra una de las suyas a su compañero de la izquierda, y así sucesivamente.

13. Salen del juego los participantes a quienes se les acaben las fichas.

14. El que quede al final es el ganador y toma todas las fichas.

Variantes

Los números se usan de acuerdo con el nivel en que se encuentren los alumnos, por ejemplo, del 1 al 10, del 1 al 50, del 50 al 100. Si se están manejando las series, también pueden utilizarse.

Si los participantes saben escribir, puede hacerse por escrito en tarjetas que muestren al equipo.

- **Discapacidad visual:** las tarjetas son en relieve y las tocan para poder decir de qué número se trata.

Evaluación

Considere los siguientes criterios:

- Seriación transitiva
- Nivel de problematización
- Concepto de número

7

JUEGOS PARA DESARROLLAR LA INTELIGENCIA MUSICAL

Título: Bailemos libremente

Propósitos

- Expresar corporalmente el ritmo de la música.
- Identificar diferentes tipos de ritmos y realizar movimientos acordes a ellos.

Recursos materiales

Grabadora

Casete grabado con música instrumental con diferentes ritmos (dos a tres minutos de duración por cada ritmo) (iniciando con música tranquila y terminando con la misma melodía del inicio) (duración total: de 15 a 20 minutos)

Salón amplio sin muebles

Metodología

1. Se explica al grupo que el juego consiste en moverse libremente, como cada uno quiera, por todo el espacio del salón, pero siguiendo el ritmo de la música.

2. Se pone la música y se dice que pueden moverse como quieran por todo el salón. Se anima al grupo a expresarse utilizando todo su cuerpo (cabeza, brazos, piernas, etc.) y a realizar los sonidos que quieran con su cuerpo según la música que escuchen.

3. Se les pide que recorran todo el espacio explorando su cuerpo por medio del movimiento con la música.

4. Se asigna un tiempo de quince a veinte minutos.

5. Al terminar el tiempo, se pide a los alumnos que caminen despacio respirando profundamente.

6. Los alumnos forman un círculo y comparten entre ellos su experiencia, utilizando las siguientes preguntas: ¿Cómo se sintieron? ¿Cuál ritmo, melodía, etc., les gustó más?

7. Se concluye comentando la importancia de la música como forma de expresión en nuestras vidas.

Variantes

- **Discapacidad auditiva:** se explica el juego ejemplificándolo. Se permite que el alumno se acerque a tocar las bocinas para sentir las vibraciones de la música, y a partir de ellas pueda elegir el tipo de movimiento a realizar. Se da una señal visual, como mover un paliacate cuando cambie la melodía para que se acerque nuevamente a las bocinas. Se utilizan melodías de cinco minutos cada una, pueden ser tres o cuatro en el casete, de preferencia interpretadas con instrumentos de percusión.

- **Discapacidad motora:** se considera válida cualquier forma de expresar el movimiento al ritmo de la música; puede ser con la cabeza, con las manos, moviendo la boca, etcétera.

Evaluación

Considere los siguientes criterios:

- Imaginación musical
- Memoria musical
- Reproducción musical
- Producción musical

Título: El sonido en gráfica

Propósitos

- Inventar melodías en grupo a partir de producir sonidos con diferentes objetos.
- Desarrollar la atención y la colaboración en equipo.

Recursos materiales

Objetos para producir sonidos acomodados por equipos (por ejemplo: recipientes de cristal con diferentes niveles de agua y unos lápices para uno; objetos de madera para otro; objetos de metal para otro, etcétera)

Dibujos de los objetos en tarjetas

Metodología

1. Se organiza al grupo en equipos.
2. Se reparte el material, diferente para cada equipo.
3. Se explica que el juego consiste en producir sonidos con los objetos de cada equipo, de acuerdo con el orden en que se muestran las tarjetas y durante el tiempo que las observan.
4. Se inicia el juego levantando una tarjeta y se informa al equipo que tiene esos objetos para producir sonidos. Se baja esa tarjeta y se levanta otra, para que ahora otro equipo sea quien produzca los sonidos.

5. Después pueden levantarse dos o tres tarjetas a la vez.

6. Los alumnos deben estar atentos, ya que sólo podrán emitir sonidos cuando la tarjeta con el dibujo de los objetos que ellos tienen, esté levantada.

7. Puede elegirse un alumno para que levante las tarjetas.

8. El juego concluye comparándolo con la forma de interpretar la música de una orquesta.

Variantes

- **Discapacidad visual:** al levantar cada tarjeta se expresa oralmente cuál dibujo contiene esa tarjeta y se da una señal verbal para iniciar y otra para terminar.

- **Discapacidad auditiva:** se explica el juego ejemplificándolo.

Evaluación

Considere los siguientes criterios:

- Imaginación musical
- Memoria musical
- Reproducción musical
- Producción musical

Título: Secuencias corporales con ritmo

Propósito

- Ejecutar secuencias corporales con ritmo utilizando diferentes partes del cuerpo.

Recursos materiales

Espacio amplio

Metodología

1. Se explica que el juego consiste en hacer secuencias musicales utilizando el cuerpo.
2. Se forma un círculo con los alumnos.
3. Se elige la o las secuencias que se utilizan en la sesión. Las siguientes son algunas posibles opciones:

   - Tocar el piso dos veces con el pie derecho, dos veces con el pie izquierdo, y así sucesivamente, con el ritmo marcado.
   - Tocar el piso tres veces con el pie derecho y luego dar tres palmadas utilizando ambas manos.

- Dar una palmada, una vuelta sobre sí mismo, tocar una vez el piso con el pie derecho y una vez con el izquierdo, y otra vez con el pie derecho y el pie izquierdo.

4. Se explica ejemplificando la secuencia a realizar.

5. En grupo, realizan la secuencia al recibir la señal.

6. Después, uno por uno realizan la secuencia; se inicia con un alumno voluntario, con el que le sigue a la derecha, y así sucesivamente hasta que les toque a todos.

7. También puede elegirse a un alumno para que invente una secuencia que todo el grupo efectúe.

8. Es importante que se realice la secuencia con el ritmo indicado para que se escuchen los silencios y los sonidos de la misma manera en que se ejemplificaron.

9. El juego concluye comentando cómo somos capaces de producir sonidos armoniosos con nuestro cuerpo.

Variantes

- **Discapacidad visual:** se explica verbalmente el tipo de movimientos y los nombres de las partes del cuerpo con las cuales se realizan los sonidos.

- **Discapacidad auditiva:** se observa el tipo de movimientos a realizar.

- **Discapacidad motora:** se utilizan para las secuencias las partes del cuerpo que puedan mover.

Evaluación

Considere los siguientes criterios:

- Imaginación musical
- Memoria musical
- Pensamiento musical lógico
- Reproducción musical
- Producción musical

Título: El pandero

Propósitos

- Distinguir diferentes ritmos.
- Ejecutar movimientos corporales al ritmo marcado por el pandero.

Recursos materiales

Un pandero

Metodología

1. Se forma un círculo con los alumnos.
2. Se explica que el juego consiste en caminar al ritmo del pandero.
3. Se inicia tocando a un ritmo lento.
4. Los niños intentan caminar de manera que cada paso corresponda a un sonido del pandero.
5. Se toca el pandero variando el ritmo.
6. Los niños deben seguir el ritmo indicado por el pandero.
7. Se puede elegir a un niño para tocar el pandero y el grupo camina al ritmo que le es marcado.
8. El juego concluye comentando la variedad de ritmos y velocidades de movimiento que podemos realizar con el pandero como una forma de producir música.

Variantes

- **Discapacidad visual:** se camina por el espacio señalado libremente al ritmo del pandero, sin seguir al grupo en círculo.

- **Discapacidad auditiva:** se ubica al alumno en un lugar donde pueda observar el movimiento realizado al tocar el pandero. Se explica el juego ejemplificándolo corporalmente.

- **Discapacidad motora:** se utiliza cualquier tipo de movimiento que pueda efectuar siguiendo el ritmo del pandero. Puede ser con las manos, la cabeza, los ojos, etcétera.

Evaluación

Considere los siguientes criterios:

- Imaginación musical
- Memoria musical
- Reproducción musical

Título: Las maracas

Propósito

- Componer e interpretar una melodía musical con maracas.

Recursos materiales

Un juego de maracas para cada niño (si no se cuenta con ellas pueden elaborarse con un palito de madera y latas de refresco o jugo con arena adentro)

Lugar amplio donde puedan trabajar los equipos sin que los interrumpan los sonidos de los demás

Metodología

1. Se forman equipos de cinco niños cada uno.

2. Se explica que el juego consiste en componer una melodía por equipo e interpretarla con las maracas.

3. Se reparte el material y se distribuye a los equipos en el espacio disponible.

4. Cada equipo se pone de acuerdo sobre su melodía y la van interpretando, de manera que ensayen en equipo.

5. Se asignan de 30 a 45 minutos para el trabajo en equipo.

6. En grupo, cada equipo pasa al frente a interpretar la melodía que compuso.

7. Se solicita al grupo aplausos al final de la presentación de cada equipo.

8. Por votación el grupo elige la melodía y la interpretación ganadoras.

9. El juego concluye comentando la importancia de realizar nuestras propias composiciones musicales.

Variantes

- **Discapacidad visual:** se permite la exploración táctil de las maracas. Se le indica verbalmente cuándo inicia la interpretación de la melodía. Se le guía verbalmente y se coloca su mano sobre el hombro de su compañero, para indicarle el espacio de trabajo y el de presentación frente al grupo.

- **Discapacidad auditiva:** se explica el juego utilizando movimientos corporales. Al componer la melodía se le muestra el movimiento de las maracas; al presentar la interpretación ante el grupo, se permite que él se coloque frente a sus compañeros de equipo y se le da una señal visual para iniciar la interpretación.

- **Discapacidad motora:** se utilizan las partes del cuerpo con movimiento para tocar las maracas; pueden ser los pies, las manos, la boca, etcétera. Se interpreta parte de la melodía compuesta.

- **Discapacidad intelectual:** se solicita una melodía sencilla y breve, con pocas variaciones. En la explicación del juego se ejemplifica con el sonido de las maracas.

Evaluación

Considere los siguientes criterios:

- Imaginación musical
- Producción musical
- Memoria musical
- Reproducción musical
- Contraste

Título: Palo de lluvia

Propósito

- Desarrollar la habilidad para reproducir sonidos con el cuerpo.

Recursos materiales

Un palo de lluvia (si no se tiene, también puede elaborarse con un trozo de tubo de PVC, poniendo arena en su interior y clausurando los extremos del tubo con tapas de metal)

Metodología

1. Se forma un círculo con el grupo.
2. Se explica que el juego consiste en mover su cuerpo de acuerdo con el sonido producido por el palo de lluvia y después reproducir el ritmo del mismo con pies, manos, etcétera.
3. Se inicia el juego moviendo el palo de lluvia de un extremo a otro a diferentes velocidades y se solicita a los alumnos que se muevan siguiendo el sonido.
4. Se mueve el palo de lluvia y se pide a los niños que reproduzcan el ritmo con los pies sobre el piso, con las palmas de sus manos, etcétera.
5. Todos los alumnos lo intentan al mismo tiempo.

6. Posteriormente se elige un alumno para que mueva el palo de lluvia y otro para que reproduzca el sonido. Van tomando turnos hasta que varios lo hagan.

7. Para finalizar el juego, se mueven corporalmente de nuevo de acuerdo con el sonido del palo de lluvia.

8. Se cierra la sesión del juego moviendo el palo con lentitud.

9. Se concluye comentando sobre la importancia de escuchar y disfrutar la música.

Variantes

- **Discapacidad visual:** se explora el material con el tacto.

- **Discapacidad auditiva:** antes del juego se realiza la exploración táctil del material y las vibraciones del movimiento que produce. Se ubica al alumno frente a la persona que mueve el palo de lluvia. Se explica el juego ejemplificándolo.

- **Discapacidad motora:** se utilizan las partes del cuerpo con movimiento para realizar el juego. Por parejas se ayuda al alumno a moverse y a producir sonidos con las partes del cuerpo que no tienen movimiento autónomo.

Evaluación

Considere los siguientes criterios:

- Memoria musical
- Reproducción musical
- Producción musical

Título: Mi canción favorita

Propósitos

- Escuchar y registrar de manera escrita una canción, percibiendo ritmos, siguiendo secuencias musicales y desarrollando la memoria musical.

Recursos materiales

Una canción popular

Casete

Grabadora

Libreta

Lápiz

Pizarrón

Gis

Metodología

1. Se pide a los alumnos llevar al salón un casete con su canción favorita grabada.

2. Se escoge una.

3. Se escucha una vez y la siguiente, con ayuda de todos, se escribe la letra en el pizarrón y cada quien hace lo mismo en su libreta.

4. Cuando se escriba toda la canción, se lee con todo el grupo siguiendo con el dedo cada una de las palabras, y señalando en el pizarrón.

5. Después de leer se canta siguiendo también la letra con el dedo.

6. Se divide al grupo en equipos, los cuales se preparan para cantarla ante el grupo, siguiendo la tonada y la letra.

7. Se canta frente al grupo. Gana quien lo hace mejor; esto es, se toman en cuenta la tonada, el ritmo, los tiempos, los silencios y la letra. Todo el grupo se encarga de determinar qué equipo lo hace de acuerdo con estos parámetros.

Variantes

La canción puede ejecutarse con la música original o incluyendo instrumentos con los que puedan reproducir algunos ritmos. Esto último con el fin de complicar la interpretación.

- **Discapacidad auditiva:** pueden tocar la grabadora para ir percibiendo las vibraciones y los ritmos mediante el tacto. Cantan con ayuda de sus compañeros, quienes les ayudan a percibir el ritmo.

Evaluación

Considere los siguientes criterios:

- Memoria musical
- Reproducción musical
- Análisis musical
- Comprensión de la función pragmática

Título: Sigue el sonido

Propósitos

- Reconocer sonidos con los ojos cubiertos.
- Reproducir sonidos ubicando el lugar donde se producen.
- Distinguir diferentes tipos de sonido desarrollando el sentido del oído.

Recursos materiales

Diversos instrumentos musicales: panderos, claves, maracas, tambores, cascabeles, flautas, bongóes, triángulos, instrumentos de cuerda, etcétera

Espacio amplio pero cerrado

Metodología

1. Los participantes se colocan en círculo.
2. Cada uno tiene un instrumento musical diferente que hace sonar en tres tiempos o al ritmo que se indique.

3. Se nombra un director del juego, quien es el encargado de decidir qué instrumento se toca en ese momento.

4. Un participante se coloca en el centro del círculo y después de ver, escuchar y nombrar el instrumento de cada uno de sus compañeros se le vendan los ojos.

5. Los participantes que están en el círculo comienzan a moverse por todo el espacio disponible.

6. A una orden del director del juego, que puede ser una seña con la mano o un toque al participante en el hombro, se empieza a tocar el instrumento.

7. El participante con los ojos vendados debe decir qué instrumento se está tocando.

8. Cuenta con tres oportunidades para acertar.

9. Si acierta tiene el derecho de seguirlo hasta quitarle el instrumento al compañero.

10. Cuando lo logra, se le quita la venda y se le anotan dos puntos. Toma entonces el lugar de la persona a la que le quitó el instrumento y ésta pasa al centro.

11. Si no acierta, se le quita la venda de los ojos y sale del juego.

12. Gana el participante que acumule más puntos al terminar el juego.

Variantes

- **Discapacidad motora:** si un participante no puede desplazarse, se le proporcionan los instrumentos que se tocan, se coloca de espaldas al grupo y dice el nombre del objeto, lo toma y reproduce el sonido escuchado. Con ello gana los dos puntos o sale del juego si no acierta.

Evaluación

Considere los siguientes aspectos:

- Memoria musical
- Reproducción musical
- Percepción espacial
- Orientación

Título: Sígueme los pasos

Propósitos

- Escuchar y seguir pasos rítmicos improvisados.
- Desarrollar la memoria musical.

Recursos materiales

Grabadora

Música rítmica

Metodología

1. Se elige una canción que sea suficientemente rítmica para improvisar pasos.

2. Los participantes se colocan en hileras.

3. Por turnos, pasan al frente y siguiendo la música escogida ponen un paso de baile al grupo.

4. Todos tienen que imitarlo, hasta que puedan realizarlo.

5. La única condición para poner un paso de baile es que vaya acorde a la música que se escucha; es decir, de manera rítmica siguiendo la música.

6. El siguiente pasa realizando el paso anterior y poniendo uno nuevo que todos deben imitar.

7. El tercer participante debe realizar los dos pasos anteriores y poner uno nuevo, y así sucesivamente.

8. Cuando todos pasan y ponen un paso de baile al grupo, deben bailar todos los pasos ensayados.

9. El grupo se divide en equipos de cuatro o cinco participantes y el equipo que reproduzca todos los pasos ensayados de la manera más rítmica y sincronizada posible, gana el concurso.

10. El ganador es elegido por el grupo general atendiendo a los criterios de ritmo y totalidad, es decir, que se siga el ritmo de la música y que se realicen todos los pasos puestos por los participantes, en el orden presentado.

Variantes

Puede variar el número de pasos utilizados, para que no sea tan larga la lista de pasos a ejecutar al final.

- **Discapacidad visual:** pueden ejecutarse pasos con ritmo, que se escuchen; por ejemplo, zapatear dos series de tres tiempos o una serie de cinco tiempos, sólo que deben ir al ritmo de la música.

- **Discapacidad auditiva:** pueden realizarsse con los pies descalzos, colocando la grabadora en el piso con el mayor volumen posible para sentir las vibraciones musicales y el ritmo y seguir un paso.

Evaluación

Considere los siguientes criterios:

- Imaginación musical
- Memoria musical
- Reproducción musical
- Desarrollo corporal personal
- Coordinación
- Flexibilidad

Título: Niños, a su salón

Propósitos

- Desarrollar la percepción espacial y rítmica mediante la ejecución de movimientos diversos.

- Favorecer la agilidad y la velocidad de reacción.

Recursos materiales

Aros de colores

Un pandero

Espacio amplio

Metodología

1. Se colocan los aros a lo largo del espacio.

2. Los alumnos se dispersan a lo largo del espacio pero fuera de los aros.

3. Se marca el compás que se utiliza para moverse con el pandero; puede ser un tiempo, dos tiempos, lentos, rápidos, etc. Se indica si es en saltos con los dos pies, con un pie, caminando golpeando dos veces un pie sobre el piso, golpeando el piso una vez con la mano y otra con el pie, etcétera.

4. Con estas indicaciones, al escuchar el pandero los participantes deben desplazarse por todo el espacio siguiendo el ritmo y el paso indicados, excepto dentro de los aros.

5. A la orden de "¡Niños a su salón rojo!", los alumnos entran a un aro del color indicado. Pueden hacerlo todos los que quepan con los dos pies adentro.

6. Los niños que se queden afuera de los aros salen del juego, al igual que los que no entren al color indicado.

7. Se empieza a tocar el pandero de nuevo cambiando de ritmo e indicando utilizar el cuerpo, siguiendo las indicaciones anteriores.

8. El juego termina cuando los aros son suficientes para los niños que quedan.

Variantes

Puede disminuirse gradualmente el número de aros para eliminar participantes. El uso de llantas de colores es otra opción. Entrar al aro puede sustituirse con sentarse en la llanta. Los movimientos y su velocidad para desplazarse pueden ser tan complicados o tan sencillos como el grupo lo requiera.

Evaluación

Considere los siguientes aspectos:

- Percepción espacial
- Orientación
- Continuidad
- Desarrollo corporal personal
- Coordinación
- Equilibrio
- Reproducción musical

Título: Reconozco canciones

Propósito

- Desarrollar la habilidad para identificar canciones a partir de un fragmento de la melodía.

Recursos materiales

Grabadora

Casete con fragmentos de canciones

Metodología

1. Se organiza al grupo en tres equipos.
2. Se forma cada equipo en fila y los primeros de cada fila inician el juego.
3. Se explica que éste consiste en identificar el nombre de la canción que escuchan.
4. Gana un punto el alumno que la identifica primero.
5. Se pone música y se espera a ver qué alumno identifica la canción primero.

6. Si un alumno se equivoca se le descuenta un punto a su equipo.

7. Se juega hasta que todos los alumnos tengan oportunidad de adivinar en una ocasión.

8. Gana el equipo que más puntos acumule.

Variantes

*   **Discapacidad auditiva:** se utiliza la letra de la canción por escrito y el alumno puede leerla en el momento que se escuche la canción en la grabadora. Al mismo tiempo coloca las manos sobre la bocina de la grabadora para sentir las vibraciones de la melodía. Si sabe el nombre de la canción levanta la mano y lo escribe.

*   **Discapacidad intelectual:** se usan canciones con las que los alumnos estén familiarizados; para ello se recomienda escucharlas varias veces días antes de realizar el juego. Es conve-

niente seleccionar canciones con música muy diferente entre sí, para facilitarle a los alumnos su identificación.

Evaluación

Considere los siguientes criterios:

- Imaginación musical
- Memoria musical
- Análisis musical

Título: Cambiemos la música

Propósitos

- Componer melodías para un mismo texto.
- Desarrollar la creatividad musical.

Recursos materiales

Hojas con texto impreso (puede ser un poema, un cuarteto, etcétera)

Metodología

1. Se organiza al grupo por equipos de cinco integrantes.
2. Se explica que el juego consiste en inventar una melodía para la letra que se les entrega y después interpretar su composición musical ante el grupo.
3. Se entrega a cada equipo una hoja con el texto.
4. Se les asignan de 10 a 20 minutos para que inventen cómo cantarán ellos esa canción y la ensayen.
5. Cada equipo pasa al frente para mostrar al grupo su composición musical a través de la interpretación.

6. Gana el equipo que, por votación del grupo, componga la melodía que más les agrade.

7. Se concluye en sesión plenaria, reflexionando sobre cuán valioso es poder crear música.

Variantes

- **Discapacidad visual:** los compañeros del niño leen en voz alta el texto que se les entrega, para que él pueda participar componiendo también la melodía.

- **Discapacidad auditiva:** se explica el juego utilizando lenguaje total. Mediante su expresión corporal el alumno sugiere a sus compañeros de equipo el ritmo que propone para la melodía.

- **Discapacidad motora:** participa durante la interpretación de la melodía moviéndose como es posible.

- **Discapacidad intelectual:** el texto utilizado es breve y sencillo. Se les puede sugerir elegir música parecida a alguna canción que ya conozcan.

Evaluación

Considere los siguientes criterios:

- Imaginación musical
- Memoria musical
- Contraste
- Reproducción musical
- Producción musical

8

JUEGOS PARA DESARROLLAR LA INTELIGENCIA INTRAPERSONAL

Título: Soy importante

Propósitos

- Reconocer lo valioso de uno mismo.
- Mejorar su autoestima.

Recursos materiales

Hojas de papel

Lápices

Metodología

1. Se reparten hojas y lápices a los alumnos.
2. Se explica que el juego consiste en escribir muchas ideas sobre por qué cada uno de ellos es importante. Deben escribir al inicio de cada idea: "Soy importante…".

3. Gana el alumno que escriba más ideas de por qué es importante.

4. Para iniciar el juego se da la señal de inicio y se avisa a los alumnos cuando termina el tiempo. Pueden darse de 10 a 15 minutos para escribir.

5. Al concluir el tiempo se pide a los alumnos que cuenten las diferentes ideas escritas de por qué son importantes y digan cuántas son.

6. Se elige a los tres alumnos con mayor número de ideas.

7. Cada uno de los ganadores lee su lista.

8. Se concluye reflexionando sobre la importancia de reconocer todo lo que somos y hacemos, así como de darnos tiempo para conocernos mejor.

Variantes

- **Discapacidad visual:** se utilizan plantillas con renglones para escribir y se toman como válidas las abreviaturas en las palabras.

- **Discapacidad auditiva:** en el paso dos, la frase se anota por escrito y se ejemplifica con algunas posibles respuestas.

- **Discapacidad intelectual:** el alumno usa símbolos gráficos o dibujos para representar cada idea, o utiliza algunas palabras que la expresen, aunque no esté totalmente redactada.

Evaluación

Considere los siguientes criterios:

- Sentido del yo
- Simbolización
- Conocimiento intrapersonal
- Conocimiento interpersonal
- Empatía
- Sensibilidad social
- Sentido de identidad

Título: Todo lo que puedo hacer

Propósitos

- Reconocer las posibilidades de cada alumno respecto al uso de herramientas y utensilios.
- Desarrollar el conocimiento personal.

Recursos materiales

Materiales escolares

Dibujos individuales con herramientas de talleres y con utensilios de casa

Metodología

1. El grupo se acomoda en círculo y se sientan en el piso.
2. En el centro del círculo se colocan los materiales y los dibujos.
3. Se explica que el juego consiste en representar corporalmente todo lo que cada uno puede hacer con alguno de los materiales que se encuentran en el centro del círculo.
4. Se inicia la ronda con un alumno que pasa al centro, elige un material y representa corporalmente todo lo que puede hacer con éste.
5. El grupo adivina qué es lo que el alumno del centro está representando.
6. Cuando un miembro del grupo adivina, el alumno del centro elige a otro compañero tocándole la mano; ese compañero pasa ahora al centro a representar todo lo que puede hacer con el material que elige, y así sucesivamente hasta que todos los alumnos pasen.

7. El juego concluye comentando lo valioso de reconocer todo lo que cada uno puede hacer.

Variantes

- **Discapacidad visual:** los dibujos se hacen en relieve o se utilizan objetos reales; se permite que los alumnos los toquen y los identifiquen antes de iniciar el juego.

- **Discapacidad auditiva:** en el paso tres se explica el juego ejemplificando cómo se realiza.

- **Discapacidad motora:** se emplea cualquier tipo de representación corporal que el alumno pueda realizar y la acompaña de palabras.

Evaluación

Considere los siguientes criterios:

- Sentido del yo
- Simbolización
- Conocimiento intrapersonal
- Conocimiento interpersonal
- Sensibilidad social
- Sentido de identidad
- Percepción de otros roles

Título: Biografía

Propósito

- Reflexionar sobre su propia vida, reconociendo las etapas y acontecimientos más significativos.

Recursos materiales

Hojas

Tiras de papel

Lápices

Colores

Metodología

1. Se explica al grupo que el juego consiste en escribir y/o representar gráficamente los acontecimientos más importantes de su vida.

2. Se reparten las hojas, los colores y las tiras de papel dobladas en rectángulos.

3. Cada alumno puede dibujar y/o escribir su historia, eligiendo lo que cada uno quiera registrar.

4. Se utiliza un tiempo de 30 a 45 minutos para llevar a cabo el trabajo.

5. Al finalizar se pregunta: "¿Quién quiere compartir su biografía?".

6. Se permite que los alumnos compartan libremente, mostrando su trabajo y leyendo su texto. Se acepta si alguien no desea compartir su biografía con el grupo.

7. Después conversan sobre cómo se sienten con este juego.

8. Se concluye comentando cómo cada uno de los miembros del grupo tiene acontecimientos importantes y valiosos en su vida.

Variantes

- **Discapacidad visual:** se utiliza una plantilla con renglones al tamaño del recuadro de la tira de papel sobre la parte en la que se escribirá el texto y sin renglones donde se realizarán los dibujos.

- **Discapacidad auditiva:** se proporcionan las instrucciones utilizando lenguaje total y texto escrito. En el paso seis se ejemplifica mostrando su trabajo como una manera de compartirlo. En el siete expresan cómo se sienten utilizando lenguaje corporal.

- **Discapacidad motora:** se acepta cualquier tipo de representación gráfica y escrita del alumno.

- **Discapacidad intelectual:** se pide que registren tres hechos importantes de su vida y los dibujen en orden cronológico. También pueden utilizar cualquier tipo de representación gráfica convencional o no convencional.

Evaluación

Considere los siguientes criterios:

- Sentido del yo
- Simbolización
- Conocimiento intrapersonal
- Conocimiento interpersonal
- Empatía
- Sensibilidad social
- Sentido de identidad

Título: El semáforo

Propósitos

- Desarrollar la inteligencia intrapersonal, noción de turno, pertinencia y autosuficiencia para tomar decisiones con responsabilidad.

- Promover la independencia y la responsabilidad en el salón de clases.

- Respetar reglas y formar hábitos.

Recursos materiales

Un semáforo elaborado con papel cascarón, unicel o cualquier material más o menos resistente, donde puedan colocarse los tres colores: verde, amarillo y rojo

Metodología

1. Se coloca el semáforo al frente del salón, a un lado de la puerta o en cualquier lugar visible para los niños.

2. Se comenta el uso del semáforo en la calle y sus características.

3. Se explica para qué sirve cada color del semáforo y se establecen normas para el grupo:

   - **Verde:** indica que la actividad es flexible y el alumno puede salir del salón si lo requiere, siempre y cuando no haya salido alguien antes.

   - **Amarillo:** indica que es una actividad en proceso, individual o grupal, y que en cuanto termine pueden salir al receso o a su casa, guardando sus útiles y dejando limpio su lugar.

   - **Rojo:** indica que la actividad es muy importante y no puede abandonar el aula.

4. Esta actividad se realiza de manera cotidiana.

5. Si el semáforo está en rojo y el alumno requiere salir del salón por algún motivo urgente, tiene que avisar al grupo o pedir permiso.

Variaciones

- **Discapacidad visual:** pueden utilizarse objetos que producen sonidos, como: panderos, campanas, tambores, claves, triángulos, chicharras, timbres, etcétera.

  Se requiere que los sonidos para cada color sean claramente identificables, por ejemplo:

  - Rojo: campana; verde: timbre; amarillo: pandero.

  Cada vez que se establezca el tipo de actividad, o sea, que cambie el color, se produce el sonido correspondiente. El espacio de tiempo termina cuando se escuche un sonido diferente, lo cual indica un cambio en el tipo de actividad.

Nota: no importa si los niños no conocen los colores; con el uso del semáforo se establecen hábitos y podrán diferenciarlos al relacionarlos con lo que pueden o no hacer en ese espacio de tiempo.

Evaluación

Considere los siguientes criterios:

- Sentido del yo
- Sensibilidad social
- Conocimiento intrapersonal

- Simbolización
- Percepción de otros roles
- Conocimiento interpersonal

Título: Registro de asistencia

Propósitos

- Identificación del nombre propio.

- Manejo de coordenadas.

- Identificación del nombre de sus compañeros.

- Noción de tiempo: día y mes.

Recursos materiales

Una lista de asistencia con los nombres de todo el grupo y los días del mes; el encabezado debe tener el mes y el año.

Metodología

1. Se coloca una lista de asistencia con los nombres de los integrantes del grupo y los cuadros o coordenadas correspondientes a los días del mes.

2. En un calendario se ubica al niño en el día, el mes y el año del día de "hoy" y se anota en el pizarrón.

3. Se pide que observen la fecha y se lee detenidamente; aun cuando no conozcan los números, se les ayuda a identificarlos en la lista de asistencia.

4. Los alumnos pasan uno a uno a ubicar su nombre y el día que le corresponde llenar para registrarse. Al inicio el profesor tiene que ayudarlos.

5. Pueden registrarse anotando un punto con un plumón, pegando una calcomanía, poniendo una huella, etcétera.

6. Al terminar su registro la totalidad del grupo, un alumno pasa a anotar las faltas de los ausentes ante la vista de los demás.

7. El registro puede realizarse de manera individual o por turno; es decir, a cada alumno le corresponde su nombre, o un alumno pasa a registrarse a sí mismo y a sus compañeros.

Variantes

- **Discapacidad visual:** se elabora una lista de asistencia con relieve.
- **Discapacidad intelectual:** dependiendo del nivel en que se encuentre el alumno, trabajan con el primer nombre, dos nombres (si los tienen) o con uno o los dos apellidos.

También en atención al nivel, se maneja el día del mes o únicamente se registra por cuadro, uno después del otro, sin manejar coordenadas. El alumno que al final del mes llene el mayor número de cuadros será quien asista con mayor frecuencia.

Evaluación

Considere los siguientes criterios:

- Sentido del yo
- Simbolización
- Conocimiento interpersonal
- Sensibilidad social
- Sentido de identidad

Título: Soy bueno para...

Propósitos

- Mejorar en el conocimiento de sí mismo.
- Aumentar la autoestima reconociendo sus cualidades y/o habilidades.

Recursos materiales

Hojas de papel

Crayolas

Lápices

Grabadora

Casete con melodías instrumentales

Metodología

1. Se comenta en el grupo la idea de que todos somos buenos para hacer algunas cosas; ese día cada uno dibuja un árbol y en las ramas anota para qué es bueno.

2. Se reparten los materiales entre los alumnos: hojas, lápices, crayolas.

3. Los alumnos dibujan su árbol de manera individual. Mientras lo hacen, se pone música de fondo. Pueden asignarse de 10 a 20 minutos.

4. Se organiza al grupo en equipos de cinco alumnos.

5. Los alumnos muestran su árbol y expresan a sus compañeros de equipo para qué son buenos, anteponiendo a cada cualidad o habilidad la frase: "Soy bueno para…".

6. En grupo se comenta cómo se sienten al reconocer ellos mismos sus cualidades y/o habilidades.

7. El ejercicio concluye reflexionando sobre la importancia de conocernos nosotros mismos y de reconocer esas cualidades y/o habilidades ante los demás.

Variantes

- **Discapacidad visual:** el alumno realiza el dibujo y se le da una hoja aparte con una plantilla con renglones para anotar para qué es bueno. También comenta con sus compañeros su percepción personal de para qué se considera bueno.

- **Discapacidad auditiva:** se anota en el pizarrón la frase: "Soy bueno para…" y se registran posibles respuestas que propongan los compañeros del grupo. Se muestra el dibujo de un árbol y se escribe en sus ramas lo propuesto por los alumnos anteriormente. Al trabajar en equipo el alumno muestra su dibujo con sus textos para que los demás puedan leerlo.

- **Discapacidad motora:** el alumno realiza el dibujo utilizando cualquier parte de su cuerpo que tenga movilidad: las manos, la boca, los pies. De ser necesario se le proporcionan crayolas grandes y gruesas. Él comenta sus ideas, diciendo: "Soy bueno para…".

- **Discapacidad intelectual:** los alumnos pueden dibujar algo que represente para qué son buenos, pidiéndoles que por lo menos sean tres cosas.

Evaluación

Considere los siguientes criterios:

- Sentido del yo
- Simbolización
- Conocimiento intrapersonal
- Sensibilidad social
- Sentido de identidad

Título: Mis fortalezas

Propósitos

- Mejorar la autoestima.
- Identificar sus fortalezas y reconocerlas ante sus compañeros.

Recursos materiales

Un cuarto de cartulina por alumno

Tijeras

Plumones de colores

Grabadora

Casete con música instrumental

Metodología

1. Se reparte el material a cada alumno.

2. Se pide que recorten el contorno de la cartulina en la forma que deseen para colocarla sobre su pecho a la altura del corazón.

3. El maestro explica que sobre la cartulina van a anotar sus fortalezas, lo que los hace fuertes.

4. Cada alumno anota sus fortalezas; mientras lo hace, puede tocarse música en la grabadora durante 5 a 10 minutos.

5. El maestro pide a cada alumno que elija a un compañero del grupo para compartir su trabajo. Se permite la elección libre.

6. Por parejas los alumnos muestran su trabajo colocándolo sobre su pecho a la altura del corazón. Cada niño le platica a su compañero cuáles son sus fortalezas.

7. En sesión plenaria los alumnos comentan cómo se sintieron y la importancia de reconocer sus fortalezas.

Variantes

- **Discapacidad visual:** los alumnos pueden utilizar plantillas con renglones y compartir por parejas de manera oral.

- **Discapacidad auditiva:** se ejemplifica el ejercicio al frente, anotando algunas fortalezas que los compañeros proponen.

- **Discapacidad motora:** de ser necesario, el cuarto de cartulina se utiliza sin recortar el contorno o se hace de otra forma posible. Para escribir se utiliza cualquier parte del cuerpo con movimiento: manos, pies, boca.

- **Discapacidad intelectual:** la explicación de las instrucciones se ejemplifica. En lugar de escribir, los alumnos pueden representar sus ideas con dibujos.

Evaluación

Considere los siguientes criterios:

- Sentido del yo
- Sentido de identidad
- Conocimiento intrapersonal
- Simbolización
- Conocimiento interpersonal

Título: Lo mejor de mí

Propósitos

- Identificar las cualidades personales.
- Acrecentar el conocimiento de uno mismo.
- Mejorar la autoestima.

Recursos materiales

Papel de China de diferentes colores

Tijeras

Pegamento

Plumones

Estambres de colores

Metodología

1. El maestro pide a los alumnos que formen un círculo y se sienten sobre el piso en la postura más cómoda para cada uno.

2. Se explica que el juego consiste en pensar e identificar lo mejor de sí mismos.

3. Se dan de 5 a 10 minutos para la reflexión individual. Mientras los alumnos realizan la exploración interior, se utiliza música de fondo.

4. Se les invita a expresar su idea principal sobre "lo mejor de mí" empleando el material que se encuentra en el centro del círculo. Los alumnos eligen libremente el material que deseen. Se pone música de fondo durante 10 a 15 minutos.

5. Los alumnos muestran su trabajo a los demás y comparten verbalmente su idea sobre lo mejor de cada uno de ellos.

6. El juego concluye comentando cómo se sintieron y la importancia de reconocer lo mejor que cada uno tiene.

Variantes

- **Discapacidad visual:** antes de iniciar el juego, el alumno explora el espacio a través del movimiento y ubica el lugar donde se encuentran los materiales. Los toca con las manos para conocerlos y poder elegir.

- **Discapacidad auditiva:** el maestro utiliza un cartel con la frase "Lo mejor de mí" y escribe en el pizarrón las ideas que los alumnos proponen, como un ejemplo del juego.

- **Discapacidad motora:** el alumno puede usar cualquier tipo de representación concreta, según sus posibilidades.

- **Discapacidad intelectual:** el maestro explica el juego ejemplificándolo. Se expresan algunas ideas en grupo antes del trabajo de reflexión individual. Se utiliza un tiempo breve para ésta y se apoya al alumno que lo necesite con preguntas planteadas en forma individual.

Evaluación

Considere los siguientes criterios:

- Sentido del yo
- Conocimiento intrapersonal
- Sentido de identidad
- Conocimiento interpersonal

Título: Mi experiencia más enriquecedora

Propósitos

- Acrecentar el conocimiento personal.
- Valorar las experiencias vividas.

Recursos materiales

Espacio amplio

Cojines

Grabadora

Casete con música instrumental

Cartel con texto

Metodología

1. El grupo se acomoda por todo el espacio del salón y se sientan de la manera más cómoda posible sobre los cojines.

2. Se les explica que el juego consiste en encontrar entre sus recuerdos una experiencia que cada uno haya vivido y de la cual hayan aprendido cosas importantes.

3. En silencio, los alumnos recuerdan alguna experiencia. Se toca música instrumental durante 5 a 10 minutos.

4. Se forman equipos de tres alumnos y comentan sus experiencias, compartiendo también lo que han aprendido de ellas.

5. En grupo los alumnos analizan lo que les parece más importante de lo compartido por sus compañeros de equipo.

6. El juego concluye comentando la idea de que las experiencias que tenemos enriquecen nuestras vidas.

Variantes

- **Discapacidad auditiva:** el maestro muestra un cartel con la frase: "Mi experiencia más enriquecedora", y explica el juego utilizando lenguaje total. El alumno comparte con el equipo a través de un texto escrito y con lenguaje total.

- **Discapacidad intelectual:** el maestro explica con ejemplos el tipo de experiencia que pueden elegir los alumnos. De ser necesario, en los equipos se asigna el orden y el tiempo de participación de los alumnos. Pueden también apoyarlos, realizando preguntas concretas sobre lo que el alumno comparte, para ampliar la información que expresa a sus compañeros.

Evaluación

Considere los siguientes criterios:

- Sentido del yo
- Simbolización
- Conocimiento intrapersonal
- Conocimiento interpersonal
- Sensibilidad social
- Sentido de identidad
- Percepción de otros roles

Título: El pozo de los deseos

Propósito

- Aumentar el conocimiento personal identificando sus deseos.

Recursos materiales

Un pozo formado con cartón y papel piedra

Metodología

1. Se coloca el pozo en el centro del salón.

2. El maestro explica que el juego consiste en imaginar que cada uno puede pedirle lo que más quiera al pozo de los deseos y después pensar en qué tiene que hacer para ver realizado ese deseo, si es posible.

3. El grupo se acomoda en círculo alrededor del pozo.

4. Los alumnos pasan uno por uno cerca del pozo; cierran los ojos, piensan en un deseo, lo dicen y simulan que lo sacan del pozo.

5. Se forman equipos de cinco alumnos. Charlan sobre lo que tienen que hacer para ver realizados esos deseos y si es posible o no que se hagan realidad.

6. En sesión plenaria se concluye comentando la importancia de actuar para poder hacer realidad sus deseos.

Variantes

- **Discapacidad visual:** el alumno recorre el espacio y ubica el lugar donde se encuentra el pozo de los deseos.

- **Discapacidad auditiva:** se utiliza un cartel con el título del juego y las instrucciones se dan con lenguaje total. El alumno puede escribir en una hoja su deseo y mostrarlo al grupo cuando le corresponda pasar cerca del pozo.

- **Discapacidad motora:** el alumno se desplaza hasta el pozo como le sea posible o con la ayuda de algún compañero.

- **Discapacidad intelectual:** el maestro apoya a los alumnos durante el trabajo de equipo, preguntando directamente, por ejemplo: "¿Qué tienes que hacer tú?", "¿Qué más harías?", etcétera.

Evaluación

Considere los siguientes criterios:

- Sentido del yo
- Simbolización
- Conocimiento intrapersonal
- Conocimiento interpersonal
- Empatía
- Sensibilidad social
- Percepción de otros roles

9

JUEGOS PARA DESARROLLAR LA INTELIGENCIA INTERPERSONAL

Título: Puedo ayudar

Propósitos

- Dar a conocer a otros la posibilidad que tengo para ayudarlos en tareas escolares.
- Colaboración en equipo.
- Reconocimiento de posibilidades personales.

Recursos materiales

Rompecabezas con marco y en el fondo el contorno de las piezas marcado

Metodología

1. Se organiza al grupo en dos equipos: A y B. Cada alumno del equipo A tiene su pareja en el equipo B.
2. Los del equipo A se colocan frente a sus parejas del B.

3. Se entrega un rompecabezas dentro de un sobre a cada alumno del equipo A.

4. Cuando se da la señal convenida, los alumnos del equipo A empiezan a armar el rompecabezas, mientras los del B observan a su pareja.

5. En el momento en que cada compañero del equipo B crea que puede ayudar a su compañero, expresa la frase "puedo ayudar" y participa armando el rompecabezas junto con su pareja.

6. Gana la pareja que logre armar el rompecabezas primero, siempre y cuando éste haya sido armado por los dos alumnos.

7. En grupo intercambian opiniones de cómo se sienten los compañeros que ayudaron y los que fueron ayudados.

8. El juego concluye comentando la forma en que podemos relacionarnos con otros, ayudando en diferentes actividades.

Variantes

- **Discapacidad visual:** en el paso tres, antes de iniciar el tiempo de armado, las parejas se colocan frente a frente y cerca uno de otro, de manera que ambos pueden manipular las piezas del rompecabezas. Se utilizan rompecabezas gruesos con marcos y fondo para armar, en donde esté marcado el contorno de las piezas.

- **Discapacidad auditiva:** la señal para iniciar el juego es bajar la mano con un paliacate o una mascada.

- **Discapacidad motora:** se utiliza cualquier parte del cuerpo para armar el rompecabezas.

  Tomar como válido el acomodo de las piezas en la orientación espacial Norte, Sur, Este y Oeste, aunque los ensambles no están totalmente unidos.

- **Discapacidad intelectual:** se utilizan rompecabezas sencillos al inicio y se aumenta la complejidad paulatinamente.

Evaluación

Considere los siguientes criterios:

- Simbolización
- Conocimiento interpersonal
- Empatía
- Sensibilidad social
- Percepción de otros roles

Título: Lo que los demás no saben de mí

Propósito

- Compartir experiencias y sentimientos con los compañeros de grupo.

Recursos materiales

Cartel con el tema

Metodología

1. Se forman equipos de tres alumnos.

2. Cada miembro del equipo se numera: uno, dos y tres, para su participación.

3. En equipos, por turnos de cinco minutos, cada alumno habla, poniendo énfasis en las cosas que hace para relacionarse con las personas, sobre alguno de los siguientes puntos:

   - La experiencia que más he disfrutado con mis amigos
   - El día que conocí a ...
   - El paseo más interesante fue...

4. En grupo comentan algunas cosas que han hecho para relacionarse mejor con las personas.

5. Se anotan en el pizarrón las ideas al tiempo que el grupo las va nombrando.

6. Se concluye comentando la importancia de relacionarse con otras personas y que para lograrlo debemos estar dispuestos a compartir con ellas lo que somos.

Variantes

- **Discapacidad visual:** en el paso cinco, al terminar de escribir en el pizarrón se lee la lista de nuevo.

- **Discapacidad auditiva:** en el paso tres se muestra el tema escrito en una cartulina y se pide que expresen sus experiencias por escrito. Después se intercambian los textos entre los compañeros de equipo.

- **Discapacidad motora:** en el paso tres es válida cualquier forma de comunicación que utilicen los alumnos, oral, escrita o corporal.

- **Discapacidad intelectual:** en el paso tres es válido cualquier tipo de relato del alumno. En el cinco se anota la palabra más importante de la idea que exprese.

Evaluación

Considere los siguientes criterios:

- Sentido del yo
- Simbolización
- Conocimiento intrapersonal
- Conocimiento interpersonal

- Empatía
- Sensibilidad social
- Sentido de identidad
- Percepción de otros roles

Título: El apoyo emocional

Propósitos

- Desarrollar la capacidad para interpretar las comunicaciones psicoafectivas de los compañeros.

- Apoyar emocionalmente a otros en los momentos de vida que lo requieran.

Recursos materiales

Papelitos con los siguientes nombres de sentimientos: miedo, enojo, alegría, amor, tristeza

Un cartel con la pregunta del paso 6

Metodología

1. Se elige a cinco alumnos del grupo y se reparten al azar los papelitos entre ellos.

2. Se les explica que el juego consiste en que un niño represente frente al grupo lo que dice el papelito, y los integrantes responden al compañero que se expresa mostrándole apoyo emocional.

3. Los niños elegidos pasan de uno en uno para representar el papel.

4. Se pide a algunos niños que expresen su apoyo emocional a su compañero. Algunas palabras que puede decir el maestro son: "¿Qué le quieres decir a...?", "¿Qué puedes hacer para que se sienta mejor?".

5. Después de que algunos compañeros —pueden ser de tres a cinco alumnos— se expresan, pasa el siguiente a representar su papel.

6. Al finalizar, llevan a cabo una sesión plenaria para que los alumnos compartan con sus compañeros cómo se sienten al mostrar apoyo emocional.

7. Se concluye comentando la importancia de mostrar apoyo emocional a nuestros seres queridos.

Variantes

- **Discapacidad auditiva:** en el paso dos se utiliza lenguaje total para explicar el juego y se ejemplifica antes de iniciarlo. En el paso seis se emplea un cartel con la pregunta y se acepta cualquier forma de comunicación a la que recurra el alumno.

- **Discapacidad motora:** en el paso cuatro se acepta cualquier tipo de representación utilizando las partes del cuerpo en las que el alumno tenga movilidad.

Evaluación

Considere los siguientes criterios:

- Sentido del yo
- Simbolización
- Conocimiento intrapersonal
- Conocimiento interpersonal
- Empatía
- Sensibilidad social
- Sentido de identidad
- Percepción de otros roles

Título: Confía en tu pareja

Propósito

- Desarrollar la confianza en el otro a partir de vivencias de movimiento.

Recursos materiales

Espacio amplio con los límites marcados dentro del cual se realizan los desplazamientos

Metodología

1. Se forma al grupo en parejas.

2. Los alumnos se numeran con uno y dos en cada pareja.

3. Se explica que el juego consiste en que un compañero dirigirá el camino del otro y decidirá cómo quiere que camine. Las siguientes son algunas opciones:

   - Con los ojos cerrados

   - Con un pie

   - Inclinado hacia adelante

   - Caminando hacia atrás

4. Inicia el juego el alumno que tiene el número uno y dirige durante cinco minutos.

5. Continúa el juego; ahora dirige el alumno que tiene el número dos, también durante cinco minutos.

6. En sesión plenaria se comparte cuál es su experiencia en el juego, cómo se sienten y si confían en su compañero.

7. Se concluye comentando sobre la importancia de poder confiar en las personas.

Variantes

- **Discapacidad visual:** el alumno con esta discapacidad coloca la mano extendida sobre el hombro del compañero que lo va a dirigir; cuando le corresponda hacerlo, puede moverse apoyándose en un bastón y su pareja lo toma a él del hombro. Para verificar que su pareja se encuentra en la posición que le ha indicado puede tocarla con las manos.

- **Discapacidad auditiva:** en el paso tres se explica utilizando lenguaje total y se ejemplifica tomando como pareja a un compañero. Al inicio del juego se da la señal bajando la mano con un paliacate y al terminar el tiempo se vuelve a levantar la mano.

- **Discapacidad motora:** para moverse utiliza cualquier aparato que requiera. Las consignas que se le dan deben ser las que sí pueda realizar; por ejemplo, en caso de que un alumno utilice silla de ruedas por no tener movilidad en sus extremidades inferiores, puede decirse: "Con la mano derecha levantada o con la cabeza inclinada hacia la izquierda", etcétera.

Evaluación

Considere los siguientes criterios:

- Sentido del yo
- Conocimiento intrapersonal
- Conocimiento interpersonal
- Empatía
- Sensibilidad social
- Sentido de identidad
- Percepción de otros roles

Título: Mi amigo secreto

Propósitos

- Desarrollar relaciones afectivas interpersonales entre los compañeros del grupo.

- Establecer comunicaciones que les faciliten la relación.

Recursos materiales

Hojas

Lápices

Colores

Sobres para carta

Papelitos

Un recipiente

Cartel con indicaciones

Metodología

1. Se explica al grupo que el juego es el amigo secreto.

2. Se reparte a cada alumno un papelito en el que anotarán su nombre.

3. Los papelitos se recogen, se doblan y se colocan en un recipiente para revolverlos.

4. Cada niño toma un papelito que es el nombre de su amigo secreto en este juego.

5. Si le toca su propio nombre, puede dejarlo en el recipiente y cambiarlo por otro papelito. De ahí la importancia de que al repartirlos cada niño lea su papelito conforme lo tome del recipiente.

6. Se reparten las hojas, lápices y colores.

7. Los alumnos escriben y/o dibujan lo que les gusta de su amigo y lo que le ofrecen para mejorar su amistad. Anotan el nombre del alumno a quien está dirigido, pero sin anotar el de quien lo escribe.

8. Cada alumno coloca el texto en un sobre, escribe en él el nombre del alumno a quien se dirige y lo entrega al maestro.

9. Después de que todos lo han entregado, el maestro elige uno por uno los sobres, los abre, los lee y los muestra. También puede escogerse a un compañero del grupo para que lea los textos, y así hasta terminar de leer lo que su amigo secreto le dijo a cada uno.

10. Se pregunta al grupo cómo se sienten al escuchar lo que su amigo secreto les escribió.

11. Se concluye hablando de la importancia de reconocer los aspectos positivos de otros y comunicárselos.

Variantes

- **Discapacidad visual:** en el paso cuatro el maestro lee en voz baja el nombre de su amigo secreto en el juego. Para realizar el siete se entrega una plantilla con renglones y dos hojas de papel, una para texto y otra para dibujo.

- **Discapacidad auditiva:** en el paso siete se utiliza un cartel con las indicaciones.

- **Discapacidad motora:** si el alumno no puede moverse y escribir por sí mismo, expresa sus ideas y otro compañero o el maestro escriben por él. O puede utilizar cualquier dibujo o representación para expresar lo que piensa respecto de la consigna del juego.

- **Discapacidad intelectual:** se utiliza el dibujo y cualquier tipo de representación escrita convencional o no convencional.

Evaluación

Considere los siguientes criterios:

- Sentido del yo
- Conocimiento intrapersonal
- Conocimiento interpersonal
- Empatía
- Sensibilidad social
- Sentido de identidad
- Percepción de otros roles

Título: Ojos cerrados

Propósitos

- Desarrollar el sentido del tacto y la audición.
- Promover la confianza en uno mismo y en los demás.

Recursos materiales

Un paliacate

Metodología

1. Se organiza el grupo en parejas.
2. Un alumno de cada pareja se cubre los ojos con un paliacate.

3. El compañero que queda con los ojos descubiertos lo guía por todos los lugares posibles de la escuela.

4. El alumno guía debe asegurarse de que a su compañero no le pase nada. Tiene que indicar el camino, haciendo que toque los lugares por donde pasan y determine dónde está y qué es lo que está tocando.

5. El alumno con los ojos vendados debe estar muy atento a las instrucciones de su compañero.

6. El lugar de salida y de llegada es el salón de clases.

7. Cuando el alumno con los ojos vendados llega al salón, cambian los papeles y el otro se venda los ojos y escucha las instrucciones para recorrer la escuela de ese modo.

8. Al regresar todos al salón se organiza una plenaria donde se exponen las sensaciones, lo que escucharon y lo que sintieron al depender de otra persona.

Variantes

La guía para el recorrido puede realizarse sin tocarse, sólo escuchando las instrucciones.

Otra manera es que se tomen de las manos o que el alumno con la venda en los ojos tome del hombro a su guía.

Evaluación

Considere los siguientes criterios:

- Sentido del yo
- Simbolización
- Conocimiento intrapersonal

- Percepción de otros roles
- Empatía
- Conocimiento interpersonal

Título: Conociéndonos

Propósitos

- Avanzar en el conocimiento de "mí" y de los "otros".
- Valorar y desarrollar habilidades "mías" y de los "otros".

Recursos materiales

Un tablero con un caminito en forma de círculo con: casillas con preguntas y frases —por ejemplo, "¿Dónde naciste?"," Cuenta un sueño raro", "Cántanos tu canción favorita", "¿Qué cosas te dan miedo?", "Cuéntanos un chiste", "¿Qué te divierte más?", "¿Quién es tu mejor amigo(a) y por qué?"— que nos permitan adquirir un conocimiento más profundo de los demás; espacios vacíos intercalados, y una casilla de salida/meta

Dados

Fichas de colores

Papelitos

Lápices

Metodología

1. Se divide al grupo en equipos de no más de cinco participantes ni menos de tres.

2. Se proporciona a cada equipo un tablero, un dado y una ficha de color diferente para cada participante, así como papelitos y lápices.

3. Los equipos determinan el orden de participación de cada uno de sus integrantes.

4. El primer participante tira el dado y avanza el número de casillas que éste indique.

5. Si llega a una casilla con pregunta, la contesta. Si llega a una casilla de habilidad, realiza lo que se señale.

6. Si realiza la acción o contesta la pregunta se le da un punto, si decide no hacerlo lo pierde. La participación es opcional.

7. Si llega a una casilla en blanco, formula una pregunta o una indicación, la escribe en un papelito, la pone sobre el espacio vacío y la contesta o realiza.

8. El juego termina cuando alguien llega a la casilla de salida/meta o da dos vueltas al tablero, según lo acordado al inicio del juego.

9. Se realiza el conteo y el que tenga el mayor número de puntos es el ganador.

10. Se sugiere como paso final hacer un comentario acerca de lo que les impacta saber de sus compañeros o de sí mismos.

Variantes

Si no saben leer y escribir se recomienda incluir en el equipo a una persona que dirija el juego, lea las indicaciones y escriba las preguntas que surjan.

El tablero también puede tener imágenes que sustituyan las preguntas y deben previamente comentar el significado de éstas.

- **Discapacidad visual:** en este caso, el tablero es realzado o se usa un monitor que les ayuda a leer las indicaciones.

Evaluación

Considere los siguientes criterios:

- Conocimiento interpersonal
- Conocimiento intrapersonal
- Percepción de otros roles
- Sentido de identidad
- Sensibilidad social

Título: Yo quisiera ser... porque...

Propósitos

- Definir aspiraciones personales y compartirlas con los compañeros escuchando diversos argumentos.

Recursos materiales

Tiras de cartulina con la frase: "Yo quisiera ser _____"

Lápices

Metodología

1. Se organiza al grupo en equipos de cuatro alumnos.

2. Se reparte el material por equipos: tiras de cartulina con la frase "Yo quisiera ser _____" y lápices.

3. Cada alumno escribe sobre la línea lo que quisiera ser.

4. Comparte en equipo lo que escribe en las tiras argumentando por qué quiere ser eso.

5. Los compañeros del equipo intentan comprender sus argumentos y cuando termina, le expresan con cuál de sus ellos se sienten identificados.

6. En sesión plenaria el grupo comenta sobre la importancia de tener claro lo que uno quiere ser y de poder argumentarlo y comunicarlo a sus compañeros.

Variantes

- **Discapacidad visual:** el alumno utiliza una plantilla del tamaño de la tira con renglón en el espacio de la línea.

- **Discapacidad auditiva:** se explica el juego ejemplificándolo con una o dos tiras, realizando el ejercicio con el grupo.

- **Discapacidad motora:** el alumno escribe utilizando cualquier parte de su cuerpo que tenga movilidad.

- **Discapacidad intelectual:** se considera válido cualquier tipo de argumento que el alumno utilice.

Evaluación

Considere los siguientes criterios:

- Sentido del yo
- Simbolización
- Conocimiento intrapersonal
- Conocimiento interpersonal

- Empatía
- Sensibilidad social
- Percepción de otros roles

Título: Mi amigo imaginario

Propósitos

- Desarrollar la habilidad de comunicarse con amigos por medio de preguntas y respuestas.
- Compartir ideas personales con compañeros del grupo.
- Promover relaciones amistosas con ellos.

Recursos materiales

Hojas de papel

Lápices

Grabadora

Casete con música instrumental

Metodología

1. El maestro explica que el juego consiste en imaginar que cada uno de los alumnos tiene un gran amigo, y en esta ocasión su amigo les hará algunas preguntas.

2. Se les entregan hojas de papel y lápices.

3. Se pide que busquen el espacio del salón que prefieran, se sienten y, mientras escuchan la música, anoten las preguntas que les haría su amigo imaginario. Se asignan para ello de 10 a 15 minutos.

4. Enseguida contestan las preguntas anotadas de manera individual.

5. Se forman parejas elegidas libremente por los alumnos para compartir algunas preguntas y respuestas.

6. En sesión plenaria comentan los aspectos que durante el juego descubrieron sobre sí mismos y sobre su relación con sus amigos.

7. Se concluye hablando de la importancia de los amigos en la vida de las personas.

Variantes

• **Discapacidad visual:** se les proporcionan plantillas con renglones para escribir y comparten sus ideas de manera oral. También pueden utilizar el sistema Braille.

• **Discapacidad auditiva:** se explica el juego a través del lenguaje total. Se usa un cartel con el nombre del juego y se ejemplifica en grupo anotando las preguntas en el pizarrón.

• **Discapacidad intelectual:** se pide el número específico de preguntas; pueden ser una, dos o tres. Se ejemplifica con algunas preguntas y respuestas. Pueden anotar una palabra o realizar un dibujo que represente la respuesta a las preguntas.

Evaluación

Considere los siguientes criterios:

- Simbolización
- Conocimiento intrapersonal
- Conocimiento interpersonal
- Empatía
- Sensibilidad social
- Percepción de otros roles

Título: Mi personaje favorito

Propósitos

- Identificación con un personaje.
- Mejora en el conocimiento personal.
- Favorecimiento de la relación entre los compañeros de equipo.

Recursos materiales

Ropa usada para disfrazarse

Maquillaje

Metodología

1. Se explica al grupo que el juego consiste en elegir a un personaje, el favorito de cada uno, y representarlo.

2. Se organiza al grupo en equipos de cinco integrantes.

3. Cada alumno elige a su personaje.

4. Por equipos se ayudan para elegir la ropa y representarlo.

5. Se visten y maquillan como el personaje elegido.

6. Uno a uno pasan frente al grupo, dicen lo que admiran de él y los alumnos que no pertenecen a su equipo intentan adivinar de quién se trata.

7. Si el grupo no logra adivinar, se dice el nombre del personaje.

8. Es punto para el equipo, si adivinan cuál es el personaje que se representa.

9. Gana el equipo que obtenga más puntos.

10. El juego concluye comentando la importancia de reconocer las cualidades de otras personas y cómo podemos aprender de ellas.

Variantes

- **Discapacidad visual:** el alumno explora la ropa antes de iniciar el juego. En el momento que un niño pase al frente, los demás compañeros primero describen cómo está vestido, después el alumno dice lo que admira de su personaje.

- **Discapacidad auditiva:** se explica el juego por medio del lenguaje total y se anota en un cartel la frase "Mi personaje favorito". En la explicación de lo que admira usa lenguaje total y escribe en el pizarrón sus ideas.

- **Discapacidad motora:** de ser necesario, el alumno recibe la ayuda de sus compañeros de equipo para vestirse como su personaje favorito.

- **Discapacidad intelectual:** se le pide que diga qué es lo que le gusta de ese personaje. El maestro (que ya conoce cuál personaje representa) puede sugerir algunas ideas que ayuden al grupo a identificarlo.

Evaluación

Considere los siguientes criterios:

- Sentido del yo
- Simbolización
- Conocimiento intrapersonal
- Conocimiento interpersonal
- Empatía
- Sensibilidad social
- Sentido de identidad
- Percepción de otros roles

10

CRITERIOS

DE EVALUACIÓN

Con base en las categorías fundamentales sugeridas por Gardner en la explicación de cada una de las inteligencias, pueden evaluarse los siguientes elementos tomándolos como criterios de evaluación, poniendo énfasis en el aspecto cualitativo de la evaluación.

Inteligencia cinestésico-corporal

función simbólica El dominio de la representación que denota una entidad —como una persona o un objeto— y la expresión que comunica un estado de ánimo —como alegría o tristeza— y brinda a los individuos la opción de movilizar las capacidades corporales para comunicar diversos mensajes.

desarrollo corporal personal La habilidad para emplear el cuerpo en formas muy diferenciadas y hábiles, para propósitos expresivos al igual que orientadas a metas. Expresa ideas y sentimientos.

desarrollo corporal interactivo La capacidad para trabajar hábilmente con objetos, tanto con los que comprenden los movimientos motores finos de dedos y manos, como los que explotan los movimientos motores gruesos. La facilidad para usar el cuerpo para la transformación y la producción de cosas.

coordinación La capacidad neuromuscular del organismo para movilizar las diferentes masas musculares de forma seleccionada y ordenada.

equilibrio La capacidad sensoriomotriz del organismo para conservar el centro de gravedad sobre su base de sustentación, por lo que el cuerpo puede asumir y sostener una determinada posición contra la ley de gravedad.

fuerza La capacidad de un organismo para ejercer una presión o tracción contra cierta resistencia.

velocidad La capacidad de un organismo para realizar un movimiento en el menor tiempo posible. La cualidad corporal que permite desarrollar una acción en un tiempo mínimo.

flexibilidad La capacidad del organismo para manifestar su movilidad articular y elasticidad muscular.

resistencia La capacidad de un organismo para realizar acciones motrices donde se involucren grandes masas musculares durante un tiempo prolongado. La capacidad para continuar desarrollando actividades fatigantes durante periodos de cierta duración.

Inteligencia espacial

percepción La habilidad para descubrir una forma o un objeto, para reconocer la identidad de un objeto cuando se ve desde ángulos distintos el mundo visual. Hace referencia a la capacidad de percibir con exactitud el mundo visual. La habilidad para reconocer instancias del mismo elemento.

transformación La habilidad de imaginar el movimiento o desplazamiento interno entre las partes de una configuración. La realización de modificaciones de las percepciones iniciales propias. La habilidad para transformar o reconocer una transformación de un elemento en otro.

recreación La habilidad para pensar en las relaciones espaciales en que la orientación corporal del observador es parte del problema. La capacidad de evocar la imaginería mental (visual y espacial) para luego transformarla. Se refiere a recrear aspectos de la experiencia visual o mental propia, incluso en ausencia de estímulos físicos apropiados.

representación La capacidad de producir una semejanza gráfica de información espacial.

orientación La capacidad de percibir las formas, las trayectorias y los rumbos del espacio y del tiempo.

continuidad La habilidad para detectar las constantes en la percepción del mundo, para así analizar las transformaciones.

sensibilidad espacial La capacidad de detectar sensaciones de tensión, equilibrio y composición que caracterizan una pintura o una escultura. La habilidad metafórica para discernir similitudes a través de diversos ámbitos.

Inteligencia lingüística

significación Ubicada en el área de la semántica, se refiere a la sensibilidad para el significado o connotación de las palabras, el examen del significado.

orden El dominio de la sintaxis, la sensibilidad para conocer y manejar el orden de las palabras. La capacidad para observar las reglas gramaticales.

ritmo Situado en el aspecto fonológico, es la sensibilidad auditiva hacia los sonidos de las palabras y sus interacciones musicales. La sensibilidad para los sonidos, ritmos, inflexiones y metros de las palabras.

función pragmática Uso que se puede dar al lenguaje. La sensibilidad para las diferentes funciones del lenguaje, su poder para emocionar, convencer, estimular, transmitir información o complacer.

retórica La habilidad de emplear el lenguaje para convencer a otros individuos acerca de un curso de acción (oratoria).

poder mnemotécnico La capacidad de emplear el lenguaje para ayudar a uno a recordar todo tipo de información sencilla o compleja, importante o irrelevante, por obligación o por diversión.

función explicativa El poder del lenguaje para transmitir y comprender ideas, conocimientos, conceptos, etc. El aspecto del lenguaje en su papel de la explicación (exposición, debate).

reflexión Expresada como la facultad del lenguaje para explicar sus propias actividades. La habilidad de emplear el lenguaje para reflexionar en el lenguaje mismo, para analizar lo "metalingüístico".

Inteligencia lógico-matemática

razonamiento La capacidad de procesar información de una manera lógica, acorde a la etapa de desarrollo en que se encuentre el individuo.

intuición Se sirve de la imagen para predecir los efectos de determinados cambios en la experiencia a que se halla sujeto. Implica la conceptualización creciente, al ordenar y relacionar sus representaciones con la naturaleza conceptual del lenguaje. En un plano superior, se refiere al interés en los objetos del mundo y cómo operan, buscando un conjunto limitado de reglas o principios que puedan ayudar a explicar el comportamiento de los objetos, esto es, cuando se relacionan elementos dispares y unas cuantas reglas sencillas pueden explicar las interacciones observadas.

nivel de concreción El nivel y la etapa de desarrollo en que se encuentra el individuo, de acuerdo con el tipo de interacción que ejerce sobre los objetos del medio y su experiencia.

nivel de abstracción La capacidad para realizar operaciones y resolver problemas en un nivel que no requiere de concreciones. El manejo del razonamiento matemático en este caso comienza con teorías elaboradas en nivel mental que llegarán, en su momento, a la experiencia concreta, pero no requiere de ella para la formación de respuestas.

problematización La habilidad para reconocer problemas significantes y resolverlos por distintas vías o procesos arbitrarios o convencionales, haciendo uso de la lógica, la intuición y/o los conocimientos matemáticos.

comparación La relación cuantitativa biunívoca entre dos o más colecciones de objetos o entre dos o más objetos por sus características físicas. Es la contrastación entre conjuntos de manera cualitativa o cuantitativa.

igualación La comparación de una colección de la misma cantidad de elementos con otra.

anticipación La predicción aleatoria (al azar) de los resultados de un evento con base en los esquemas referenciales (experiencia). La valoración de la anticipación del resultado de ciertas transformaciones sobre las cantidades.

cardinalidad La capacidad de reconocer la propiedad numérica de los conjuntos.

ordinalidad La capacidad de establecer la relación de orden de los conjuntos que se establece entre las clases de conjuntos a partir de su propiedad numérica (mayor que, menor que).

clasificación Una actividad mental o una actividad concreta que permite "agrupar" o "separar" por semejanzas y por diferencias, utilizando diversos criterios sobre uno o varios universos.

seriación transitiva La relación que puede establecerse entre un elemento de una serie y el siguiente para deducir la relación existente entre el primero y el último de los elementos considerados.

seriación recíproca El establecimiento de las relaciones entre los elementos de manera que al invertir el orden de la comparación el orden de la relación también se invierte.

concepto de número La representación gráfica (simbólica) del número implicando el reconocimiento del significante (numeral 1, 2, 3) y el significado (concepto).

Inteligencia musical

imaginación musical La capacidad para visualizar una imagen musical significativa a partir de fragmentos melódicos, rítmicos o armónicos y concretar algo más elaborado a partir de ideas "tonales" (composición).

memoria musical El aspecto mnemotécnico del área musical; se refiere a la capacidad de percibir tonos, ritmos y timbres, de retenerlos en la memoria para su reproducción o interpretación.

pensamiento musical lógico La consecuencia de trabajar partiendo de un impulso musical sostenido, para lograr un resultado implícito en forma constante. Involucra la imaginación musical en tanto obra de la percepción auditiva de los elementos musicales (tono y ritmo).

contraste El proceso de elaboración que se estimula desde la idea original hasta los elementos musicales que van surgiendo en torno a ella.

reproducción musical Resulta de la percepción fiel tonal y rítmica que permita la ejecución de melodías, ritmos, armonías y colores tonales, poniendo en juego el aspecto mnemotécnico musical. Un ejemplo podrían ser los fragmentos musicales que reproducen los niños en edad preescolar y que es muy característico e importante en esta etapa del desarrollo.

producción musical La habilidad para componer, para escuchar tonos, ritmos y patrones musicales que surgen de manera espontánea. Tal es el caso de las canciones espontáneas que producen los niños entre los tres y seis años cuando juegan o están solos; inventan fragmentos musicales de acuerdo con sus experiencias de juego o su necesidad de expresar alguna idea. De igual manera, su interés por golpear objetos para producir sonidos.

análisis musical Proceso que se lleva a cabo en el campo de la música, cuando se examina la sensibilidad a los tonos o frases individuales y cómo se llevan entre sí, así como la métrica de estructuras musicales mayores que muestran sus propias reglas de organización.

Inteligencias personales

sentido del yo El equilibrio que logra cada individuo —en su cultura— entre los impulsos de los "sentimientos internos" y las presiones de "las otras personas". La capacidad acerca de la cual los individuos tienen los puntos de vista más sólidos e íntimos.

simbolización La interpretación que cada cultura tiene de la realidad. La posibilidad de percibir un sentido de la gama total de experiencias que pueden sufrir los individuos y los "otros" en su comunidad. El manejo del sistema de interpretación que puede utilizar conforme intenta comprender el sentido de las experiencias por las que pasa al igual que comprende a otros.

conocimiento intrapersonal Permite a la persona descubrir y simbolizar conjuntos complejos y altamente diferenciados de sentimientos. La capacidad para efectuar al instante discriminaciones entre los sentimientos positivos y negativos que experimenta para, con el tiempo, darles un nombre, establecer códigos simbólicos y utilizarlos como un modo de comprender y guiar la conducta propia.

conocimiento interpersonal Permite a la persona leer las intenciones y deseos de muchos otros individuos y, potencialmente, actuar con base en este conocimiento. La habilidad para notar y establecer distinciones entre otros individuos y, en particular, entre sus estados de ánimo, temperamentos, motivaciones e intenciones.

empatía El trato con los demás, la capacidad de comprensión en la búsqueda de la justicia. Logra ponerse en el lugar del otro y entender otra perspectiva que no es la suya.

sensibilidad social La adquisición de un sentido más agudo de las motivaciones de los demás, y un sentido más completo de las competencias y faltas propias.

sentido de identidad El conocimiento de uno mismo tanto de forma intrapersonal como interpersonal. La idea clara de quién se es, cuáles son las motivaciones y metas propias, incluyendo la definición de su visión de mundo. La identidad entendida como un proceso de apropiación de la realidad en términos de construcción. Lo que constituye al individuo, su contenido, su sustancia; lo que le da significado a su acción en la medida en que lo relaciona con el mundo; una relación constante entre lo que permanece (*Idem*) y lo que cambia (*Ipse*). Si reflexiona, es posible que actúe, y en la medida en que actúa se construye a sí mismo.

percepción de otros roles El reconocimiento del yo como entidad social y de los otros en sus papeles sociales que se pueden manejar en el nivel de la organización de patrones de acción fijos, como acciones reflejas de alto nivel incorporadas al repertorio del organismo.

BIBLIOGRAFÍA

Cedillo, Ismael, *et. al.*, *Antología de educación especial. Evaluación del Factor Preparación Profesional de Carrera Magisterial*, México, D. F., SEP, 2000.

_____, *La integración educativa en el aula regular. Principios, finalidades y estrategias*, México, D. F., SEP, 2000.

Clifford, Margaret M., *Enciclopedia práctica de pedagogía*, Barcelona, Océano, 1982.

Davison, General C. y John M. Neale, *Psicología de la conducta anormal*, México, D. F., Grupo Noriega Editores, 1992.

Duckworth, Eleanor, *Cómo tener ideas maravillosas. Y otros ensayos sobre cómo enseñar y aprender*, Madrid, Aprendizaje Visor, 1987.

Gardner, Howard, *Estructuras de la mente. La teoría de las inteligencias múltiples*, México, D. F., Fondo de Cultura Económica.

_____, *La mente no escolarizada*, México, D. F., Paidós, 1995.

González Garza, Ana María, *El niño y la educación. Programa de desarrollo humano: niveles primaria y secundaria*, México, D. F., Editorial Trillas, 1988.

Ortega, Rosario, *Jugar y aprender. Una estrategia de intervención educativa*, Sevilla, Díada editora, 1995.

Piaget, Jean y Barbel Inhelder, *Psicología del niño*, Madrid, Ediciones Morata, 1969.

Ríos Hernández, Mercedes y cols., *Actividad física adaptada. El juego y los alumnos con discapacidad*, Barcelona, Paidotribo, 2001.

205

Secretaría de Educación Pública, *Antología de educación especial. Evaluación del factor preparación profesional*, México, D. F., 1997.

————, "Documento interno de la Asesoría del C. Secretario de Educación Pública", en *Antología de Educación Especial*, México, D. F., 2000.

————, "Elementos básicos de las adecuaciones curriculares", en *Curso Nacional de Integración Educativa. Lecturas*, México, D. F., 2000.

————, *Fichero de actividades didácticas. Español*. México, D. F., 1996.

————, *Fichero de actividades. Educación Física. Segundo ciclo*, México, D. F., 2000.

Sindicato Nacional de los Trabajadores de la Educación, *Revista básica*, núm. 16, México, D. F., Fundación SNTE para la Cultura del Maestro Mexicano, 1997.

Esta obra se terminó de imprimir
en octubre de 2008, en los Talleres de

IREMA, S.A. de C.V.
Oculistas No. 43, Col. Sifón
09400, Iztapalapa, D.F.